El Evangelio de los laberintos

(Libres del cautiverio religioso)

- Dr. Julio Sotero -

El Evangelio de los laberintos
Impreso en los Estados Unidos
ISBN 9798873971671
Versión revisada. Copyright @ 2024 By Bridge Network

Las citas bíblicas son de la Versión Reina-Valera 1960. Sociedades Bíblicas en América Latina.
Edición general: Luis Omar Pussetto
luispussetto@hotmail.com

Todos los derecho reservados.
No se permite la reproducción parcial o total, el almacenamiento, la trasmisión o la trasformación de este libro, en cualquier forma o por cualquier medio, sea electrónico o digitalizado u otros métodos, sin el permiso previo y escrito del autor. Su infracción está penadapor las leyes del país.

Dedicatoria

Dedico este libro a los fieles e íntegros de corazón, aquellos que no tuvieron miedo, como Daniel, en negarse comer la comida del rey para no contaminarse. A aquellos que están tomados de la verdad divina y que esperan que al final de su jornada, poder declarar:

"He peleado la buena batalla, he acabado mi carrera he guardado la fe."
2 Timoteo 4:7

A mis amigos, Luis y Graciela, depósitos del Eterno que han demostrado que ante las crisis, el permanecer sin doblar
rodilla ante otros dioses, lleva a tener recompensa y restitución de parte del Invisible.

A aquellos que aun están dentro de un LABERINTO, pero hoy se abre la puerta de su Libertad.

Prólogo

Sin dudas tienes en tu mano un libro de confrontación. **Laberintos** es un libro profundo y espiritualmente violento, porque en sus páginas sentirás que lo expuesto te desacomoda, te harán sentir que la comodidad espiritual es una mentira, que no permite el crecimiento, el avance en lo que viven las mujeres y los hombres que Dios llamó.

De alguna manera, muchos de ellos vivían el laberinto en sus propias vidas, porque la religión, las modas, los aprovechadores o el hombre mismo ha querido meter a muchos en la confusión de no saber bien donde están ubicados, que visión tienen que seguir, o que lugar, en el Reino de Dios, les fue asignado.

Sé que leerlo no pasará desapercibido, porque la historia demuestra que fueron pocos los que se atrevieron a buscar la salida, los que no se resignaron a un mero subsistir en los **laberintos** que otros proponían.

El Dr. Julio Sotero, en este libro, se introduce en temas, que muchas veces se ignoran, otras tantas se usan para manipular, y así tener al pueblo de Dios asfixiado, dando vueltas y vueltas sin encontrar la verdadera salida, aquella dispuesta desde la Eternidad, para que cada persona alcance el perfecto plan del Eterno para su vida y su
ministerio fuera de los **laberintos**.

Ps Luis Omar Pussetto
Editor General

Índice

Prólogo *(página 5)*

Breve explicación *(página 9)*

Introducción *(página 15)*

Capítulo 1 *La Caída del Sistema* *(página 21)*
Hay tres dimensiones que debemos tener claras para vivir una vida reformada y sin velos. La paz que no puede tener un impío y que usted tiene, porque está basada en que conoce cómo le va a ir en el futuro. El futuro no está fuera de nosotros sino en Nosotros. Nuestro Espíritu se adelantó, ya fue, hacia dónde vamos a ir.

Capítulo 2 *Puertas Falsas en el Laberinto* *(página 31)*
Cuando no se entiende este patrón eterno, se comienza a entrar por puertas falsas, desvaríos, que mantienen extraviados y entretenidos a los santos; relatos y enseñanzas que amenazan la integridad y la pureza del evangelio de la Gracia.

Capítulo 3 *El Efecto Devastador del Laberinto* *(página 53)*
El efecto del Espíritu Santo predominante, ha causado un grandísimo y bendecido impacto en la movilización de los santos, pero, se ha visto y padecido, la dominación y el sutil abuso de autoridades espirituales o de los ministros, sobre la iglesia, como nunca antes. Es innegable, que esta tragedia espiritual, ha causado el alejamiento de muchas personas que demuestra una clara y triste abdicación de los laicos.

Capítulo 4 *La Vía de Escape del Laberinto* *(página 73)*
Nuestra lucha es contra "Puertas" que se levantan para mantenernos en el laberinto y quedar atrapados allí. La Religión, en sus prácticas y en su influencia, ha puesto presión para modificar la conducta de los creyentes, para llevarlos a apartarse de la vida del REINO. Cuando IGNORAS el plan perfecto, vives bajo el nivel y las promesas que Dios diseñó. ¡Cuídate de lo que ves!, y sobre todo, cuando concibes algo del Eterno.

Capítulo 5 *Lo que está Oculto en el Laberinto* *(página 89)*
Las transiciones que inicia Dios en medio de la Historia, no son negociables, no se pueden manipular, no se pueden alterar, tienen la precisión y el orden del cielo.
Más que la confusión, la distracción y la falta de enfoque, los laberintos producen brechas generacionales. La oscuridad de los laberintos, que se nos presentan o nos obligan a entrar, no puede ahogar la Palabra, ni dejar de honrar al Único que debe ser honrado.

Capítulo 6 *Hijos de mi Diestra (página 105)*
El evangelio de los laberintos, te hace vivir en un mundo que Dios no creó. El evangelio es entender, para poder valorar, que si Dios te dio vida es porque eres parte del Proyecto y no el fin del Proyecto. Debemos abandonar el laberinto para acercarnos al pleno entendimiento de Dios.

Capítulo 7 *No hay Pan en el Laberinto, solo Migajas (página 115)*
Pero, cabe hacernos la pregunta oculta por muchos religiosos: ¿A quién servimos?...¿Es al Mesías o al Rey de Reyes?... siguen operando los que quieren dejarte en los laberintos, no les importa tu sanidad o tu liberación, prefieren verte atrapado, mendigando migajas. No te acostumbres a las migajas que se sirven en los laberintos de la religión, busca el pan eterno de Jesucristo.

Capítulo 8 *La vida Fuera del Laberinto (página 127)*
"crecí creyendo que una persona espiritual debía ser pobre, necesitada, esperando dadivas, inevitablemente cubierta de fracasos, derrotas e indigencias. Por causa de la mentalidad de laberinto, que lleva a pensar como esclavo, atado a las formas religiosas y encadenado a verdaderas prisiones que operan para apagar la libertad. Cuando Dios estima, posiciona un Estilo de Vida. Dios te ha cubierto con su Dignidad pero solo se aprecia y se vive, fuera de los límites de los laberintos.

Capítulo 9 *Quitando los Velos (Que te atan a los laberintos) (página 143)*
Nuestro crecimiento y desarrollo en la fe está ligado al entendimiento de las Escrituras. Que el Hijo sea en todo; reconocido en todo. Hemos nacido para manifestar lo que otros han deseado. La iglesia no puede estar en manos de humanos, sino del Espíritu que hace que el hombre nuevo camine automáticamente en el Diseño de Dios, naturalmente. ¿Tiene algún parecido este concepto al que hoy vemos de la Paternidad y lo Profético?

Capítulo 10 *En el Laberinto, no hay Milagros. Solo Espejismos*
(página 161)
Nuestra lucha es una mente carnal que debe ser absorbida por una mente Espiritual: La mente de Cristo. Solo la voz de Dios habla para mostrarte para lo cual fuiste diseñado. ¿Qué es un MILAGRO? Es la intervención DIVINA que altera todo los dictámenes que la naturaleza dio y juzgó. Mantener la vida en el Laberinto es creer a un humanismo que esclaviza. Cuando una generación despierta, algo ocurre.

ΟΥΕΣΤΑ
ΔΙΚΑΙΟΘ
ΙΑΣΠΑΦ
ΟΥΛΕΤΙ
ΤΡΑΤΙΩ
ΝΟΜΕΝ

Breve, pero imprescindible, explicación de los textos griegos.

Antes de comenzar el desarrollo de este libro, quiero poner algunos puntos claros con respecto a cómo se tradujeron los textos del Nuevo Testamento.

Cuando hablamos de aspectos acerca de la traducción del Nuevo Testamento, no debemos pasar por alto el detalle que la traducción, de dicho documento, fue en griego y de allí ha pasado a diferentes idiomas.

El idioma griego es muy bien interesante.

Es a través de la historia, que hemos visto diferentes idiomas griegos manifestarse.

Entre ellos el arcaico o idioma griego antiguo, del cual se conoce como el griego clásico. Es una forma literaria estandarizada, basada en el habla de *Atenas*, un *dialecto ático* con una fuerte influencia jónica.

En la Antigüedad, siempre existieron otras variantes de griego llamadas, usualmente *dialectos*, por más que realmente deben concebirse como *lenguas griegas* diferentes del griego ático, aunque estrechamente emparentadas con él.

El griego, que a menudo se estudia como modelo, es el dialecto ático, ya que en él escribieron la mayoría de los grandes autores griegos.

Algunos de ellos tales como el filósofo *Aristóteles*, el historiador *Polibio* y el moralista *Plutarco*.

Con todo este bagaje de influencias y pensamientos

filosóficos fue que se tradujo uno de los documentos más rico en cuanto a revelación se refiere.

Al ser traducido por mentes con ideas lejos de lo que fue intencionado, el mensaje solo se limitó a ideas, filosofías y una que otra opinión conforme al pensamiento humano. Esto sin hablar de los mitos y las repercusiones que ellos crearon en lo que es el culto.

La mitología griega, es el cuerpo de mitos contados originalmente por los antiguos griegos y un género del folklore griego antiguo.

Estas historias se refieren al origen y la naturaleza del mundo, las vidas, actividades de deidades, héroes y criaturas mitológicas, los orígenes, el significado del culto y las prácticas rituales de los antiguos griegos.

Los eruditos modernos estudian los mitos, para arrojar luz sobre las instituciones religiosas y políticas de la antigua Grecia y para comprender mejor la naturaleza de la creación de mitos en sí, ya que esta era la manera que los griegos interpretaban la vida espiritual que percibían.

Los mitos griegos se propagaron, inicialmente, en una tradición poética oral, muy probablemente por cantantes minoicos y micénicos a partir del siglo XVIII; además de poemas épicos como La Ilíada y La Odisea. Dos poemas de Hesíodo, casi contemporáneo de Homero, la Teogonía y los Trabajos y días.

Estos textos contienen relatos de la génesis del mundo, la sucesión de gobernantes divinos, la sucesión de edades humanas, el origen de los males humanos y el origen de las prácticas sacrificiales.

Los mitos también se conservan en los Himnos

homéricos, en fragmentos de poemas épicos del Ciclo épico, en poemas líricos, en las obras de los trágicos y comediantes del siglo V, en escritos de eruditos y poetas de la época helenística, y en textos de la época del Imperio Romano, de escritores como Plutarco y Pausanias.

Aparte de este depósito narrativo en la literatura griega antigua, las representaciones pictóricas de dioses, héroes y episodios míticos ocuparon un lugar destacado en las pinturas de vasijas antiguas y en la decoración de obsequios votivos y muchos otros artefactos.

Los diseños geométricos de la cerámica del siglo VIII representan escenas del ciclo épico y las aventuras de Heracles.

En los sucesivos períodos: arcaico, clásico y helenístico, aparecen escenas mitológicas homéricas y varias otras, que complementan la evidencia literaria existente.

La mitología griega ha tenido una gran influencia en la cultura, las artes y la literatura de la civilización occidental y sigue siendo parte de la herencia, en idiomas occidentales.

Poetas y artistas, desde la antigüedad hasta el presente, se han inspirado en la mitología griega y han descubierto el significado y la relevancia contemporánea en los diferentes temas.

El mito es un género folclórico, formado por narraciones que juegan un papel fundamental en una sociedad, como los cuentos fundacionales o los mitos de origen.

Dado que "mito" se usa popularmente para describir historias que no son objetivamente ciertas, la identificación de una narración, como un mito, puede ser muy controvertida.

Muchos adherentes religiosos creen que las narraciones contadas en sus respectivas tradiciones religiosas, son históricas sin lugar a dudas, por lo que se oponen a su identificación como mitos, mientras etiquetan las narraciones tradicionales de otras religiones como tales.

Por lo tanto, algunos eruditos pueden etiquetar todas las narrativas religiosas como "mitos" por razones prácticas, como para evitar despreciar cualquier tradición, porque las culturas se interpretan de manera diferente entre sí.

Otros eruditos pueden abstenerse de usar el término "mito" por completo, con el fin de evitar dar matices peyorativos a las narraciones sagradas.

Los mitos, a menudo, son respaldados por autoridades seculares o religiosas y están estrechamente vinculados a la religión o a la espiritualidad mística.

Muchas sociedades agrupan sus mitos, leyendas e historia, considerando los mitos y las leyendas como relatos reales de su pasado remoto.

En particular, los mitos de la creación tienen lugar en una era primordial, cuando el mundo no había alcanzado su forma posterior.

Otros mitos explican como se establecieron y santificaron las costumbres, instituciones y tabúes de una sociedad.

Existe una relación compleja entre el relato de mitos y la representación de rituales.

Los personajes principales de los mitos suelen ser no humanos, como dioses, semidioses y otras figuras sobrenaturales. Otros incluyen humanos, animales o combinaciones en su clasificación de mito.

Las historias de humanos cotidianos, aunque a menudo

de líderes de algún tipo, suelen estar contenidas en leyendas, a diferencia de los mitos.

Los mitos, a veces, se distinguen de las leyendas en que los mitos tratan de dioses, por lo general no tienen una base histórica y están ambientados en un mundo del pasado remoto, muy diferente del presente.

Con todo estos detalles, ahora imagina: ¿Con que mente estos hombres interpretaron un lenguaje que venía desde la eternidad?

Definitivamente tuvo que haber un margen de error bastante alto. Ojo, no estoy diciendo que el Nuevo Testamento fue un error. Lo que deseo expresar es que de una manera u otra su traducción no fue la más adecuada o se han generado distintos textos que causan "tensiones literarias" a la hora de poner en claro las acciones propuestas.

Dejando, de este modo, un abismo, para poder entender una verdad espiritual que venía a tomar a todo aquel que entendiera como caminar en una manifestación fuera de este mundo.

A toda la anterior exposición le sumamos la aparición en escena de un grupo llamado FARISEOS. Aquellos doctos de "la ley" que operaban como una "hegemonía" en medio de un mundo en caos.

Estos eran personas que pertenecía a un grupo religioso judío, de la época de Jesús, que se caracterizaba por observar escrupulosamente y con cierta afectación los preceptos de la Ley mosaica. En general, se interesaban más por la manifestación externa de esos preceptos que por seguir el espíritu de la Ley.

A estos también se les categorizaba como hipócritas y

que fingían una moral, unos sentimientos o unas creencias religiosas que no tenían.

Con estos elementos puestos en la escena, (griegos y fariseos) fue que gran parte de este Evangelio Eterno comenzó a manifestarse; y fue a través de estos "ojos" que comenzaron las mezclas y los conceptos interpretativos a tomar vida de una manera fragmentada.

- Introducción -
Laberintos

Alguien se refirió a locura como el seguir haciendo lo mismo y esperar resultados diferentes. Así podríamos definir a lo que está haciendo, una gran parte de la iglesia, hoy día.

Por otro lado, existe una gran cantidad de personas, esperando que la Iglesia entre en un avivamiento sin precedentes. Algunas de estas acciones son como entrar en un LABERINTO permanente, no hay por dónde o como escapar.

Se define laberinto a un recinto, generalmente con la entrada y la salida en distintos lugares. Está constituido por calles o vías, muy parecidas, que se entrecruzan y se disponen de tal manera, que resulta difícil orientarse para alcanzar la salida. También se puede definir como el lugar formado, artificialmente, por calles y encrucijadas, para confundir a quien se adentre en él, de modo que no pueda o se demore en acertar con la salida.

Encontramos en la Escritura bíblica, una radiografía de un LABERINTO.

El Estanque de Betesda nos muestra uno de esos laberintos, donde la gente entraba y le era difícil salir.

Había un hombre allí por más de 38 años, cojo, esperaba el movimiento de las aguas, para así lograr llegar primero y quedar sano.

Verdaderamente era un retrato, no muy agradable. Sobre todo que Jesús había llegado a ministrar el Evangelio del Reino, para enfrentar una cultura mezclada y contaminada de mitos y un sin número de rudimentos religiosos.

Ante este panorama, espiritualmente tan desolador, el Reino de Dios no se detiene; teniendo una expresión única que establece un estilo de vida con principios inquebrantables. Estos principios podemos citarlos en estas áreas específicas: Lenguaje del Reino, Comercio del Reino, Protocolo del Reino y Gobierno del Reino.

Esta última categoría se refiere al fundamento de donde la expansión o multiplicidad del ministerio reposa. Debemos recordar que el Gobierno del Reino se manifiesta a través de lo que llamamos Ministerios.

El fluir de Gobierno se ha visto afectado y ha llevado a la Iglesia a edificar más la estética y su apariencia, antes de ser ensamblada en cuanto su destino profético.

En el primer libro de Samuel, vemos como el pueblo de Israel cargaba el arca de Jehová fuera del tabernáculo, que estaba en Silo y no retornó allí.

Por 100 años, sacerdotes ministraban conforme a sus tradiciones en un lugar donde Dios, ya no habitaba allí. Por otro lado vemos a David levantar un nuevo lugar de adoración, estableciendo así un nuevo orden, trayendo el arca, nuevamente, a Jerusalén.

David reordenó el sacerdocio de acuerdo a la multiplicidad de ministerio.

De igual manera, Dios, en este tiempo, está levantando casas con este perfil de Multiplicidad de Ministerio.

Pero para llegar a este modelo de eternidad, debemos salir del LABERINTO donde se ha entrado.

Hoy, más que nunca, tenemos el reto de salir de una zona

de falta de efectividad y de avance.

Necesitamos, con urgencia, salir de una vida cíclica donde se ha llegado a vivir y a conformarnos con un Milagro aquí y de otro por allá.

Creo, firmemente, que llegó el tiempo de salir del LABERINTO ESPIRITUAL y del mensaje que esto ha creado: voces saturadas de ciclos repetidos y faltas de avances que han detenido las victorias de la Iglesia.

Prepárate a ser confrontado con un mensaje donde no todo es solo "amen", sino que este libro te proyectará para poder identificar la tragedia del "Evangelio detenido en los Laberintos", para luego arribar, a la verdadera libertad que Cristo ha prometido a su Iglesia y cada uno de los que la componemos.

¡SIN LABERINTOS, QUE NOS CONFUNDAN!

Dr. Julio Sotero

Capítulo 1
- La Caída del Sistema -

Comencemos a ver algunos escritos bíblicos, que nos facilitan material para edificar el marco perfecto para esta verdadera "fotografía" que nos arrojará la claridad que necesitamos en los tiempos que vivimos.

> *"Y después de estas cosas vi otro ángel descender del cielo teniendo grande potencia; y la tierra fue alumbrada de su gloria.*
> *Y clamó con fortaleza en alta voz, diciendo:*
> *Caída es, caída es la grande Babilonia, y es hecha habitación de demonios, y guarida de todo espíritu inmundo,*
> *y albergue de todas aves sucias y aborrecibles*
> *Porque todas las gentes han bebido del vino*
> *del furor de su fornicación; y los reyes de la tierra han fornicado con ella, y los mercaderes de la tierra se han enriquecido de la potencia de sus deleites".*
>
> **Apocalipsis 18:1-3**

Hay una palabra que puede resumir, en manera muy concreta, lo que está escrito en los versos anteriores: ¡ADULTERIO! ¿Por qué? Porque describe correcta y en manera dramática, lo que ha sucedido.

Veamos lo que otro autor nos habla de este tema.

> *"¿Acaso ignoráis, hermanos, (porque hablo con los que conocen la ley), que la ley se enseñorea del hombre entre tanto que este vive?*
>
> **Romanos 7:1**

El Apóstol Pablo utiliza la analogía de un matrimonio, para hablar de esta verdad eterna y dentro de esa similitud plantea como si la carne se hubiera casado con el Jesús de Nazaret, aquel que supo manejar los ritos y las obras muertas. Esto fue el resultado del primer Adán, que al morir, sucedió que la muerte pasó a todos los hombres. Pero el Segundo Adán trajo algo diferente. Vemos ahora el Alma como tipo de Eva.

> *"Así también vosotros, hermanos míos, estáis muertos a la ley por el cuerpo de Cristo, para que **seáis de otro**, a saber, **del que resucitó** de los muertos, a fin de que fructifiquemos a Dios."*
>
> **Romanos 7:4** *(resaltados del autor)*

Fue con esa *Muerte que cayó el Sistema.*

Pero pareciera, que ese mensaje no ha llegado al alma y ha permanecido viviendo con y en mentes fragmentadas, que fomentaron, de este modo, un adulterio espiritual sin precedentes, que ha afectado y dañado al pueblo de Dios.

Es desde el plano de eternidad que nos debemos mover en esta tierra, ya que en este plano eterno, no hay presente, pasado o futuro.

El Ángel le dice a Juan, en la Isla de Patmos:

> *"DESPUÉS de estas cosas miré,*
> *y he aquí una puerta abierta en el cielo:*
> *y la primera voz que oí, era como de trompeta que hablaba conmigo, diciendo: Sube acá, y yo te mostraré las cosas que han de ser después de éstas."*
>
> ***Apocalipsis 4:1***
> *(Mayúsculas del autor)*

La Caída del Sistema | Capítulo 1

Hay tres dimensiones que debemos tener claras para vivir una vida reformada y sin velos.

La paz que no puede tener un impío y que usted tiene, porque está basada en que conoce cómo le va a ir en el futuro.

Conocemos nuestro destino en Dios.

Si conozco lo que fue (pasado de Dios), vivo lo que es (presente de Dios) y se lo que ha de ser o acontecer, mi vida no estará a la suerte o sujeta a caprichos o directivas equivocadas de otros.

Cuando una mente es REFORMADA, adquiere la verdadera realidad de saber dónde estuvo, dónde está y dónde estará, hay totalidad de tiempo en ella.

El Evangelio no provee un Dios que solo se le busca, como quien deambula por la vida viendo si encuentra algún tesoro, sino que provee y presenta, al poderoso Dios que habita en Ti.

Pueden llegar noticias de que se "Se viven tiempos inciertos", pero lo nuestro ya es seguro, no necesitamos evidencias de que nos irá bien en algún momento. Al ser regenerados, nuestro espíritu no está sujeto al presente. Nuestro Espíritu lo vivió todo.

El futuro no está fuera de nosotros sino en Nosotros. Nuestro Espíritu se adelantó, ya fue, hacia dónde vamos a ir.

Pero, algo ha sucedido, que se interpuso en la relación de Dios con el hombre y fue de mucha gravedad:
El pecado en Adán, creó una realidad fragmentada.

Tuvo miedo, (*"Oí tu voz en el hurto, y tuve miedo"* **Génesis 3:10**). Sentimiento que no había antes. Adán abrió sus ojos para ver las cosas del bien y del mal. En realidad comenzó, el hombre, a ver dualidades.

Los ojos físicos empiezan a ver otra cosa, se apagaron los ojos puros del entendimiento.

Es la causa que llevó a los hombres a no ver el Evangelio correctamente, desde el entendimiento, la virtud y la enseñanza de Dios.

> *"Estoy maravillado de que tan pronto os hayáis traspasado del que os llamó a la gracia de Cristo, a otro **evangelio**:*
> *No que hay otro, sino que hay algunos que os inquietan, y quieren **pervertir el evangelio** de Cristo.*
> *Más aún si nosotros o un ángel del cielo os anunciare otro **evangelio** del que os hemos anunciado, sea anatema."*
>
> ***Gálatas 1:6-8*** *(resaltados del autor)*

Encontramos varios detalles que no podemos pasar por alto.

El apóstol Pablo escribe que hemos sido llamados a la Gracia de Cristo. Es de destacar que no es saludable ni sabio el hecho de limitar la definición de "gracia" como un don o favor no merecido.

La GRACIA en estado puro es infinitamente mayor, es el puro EVANGELIO de Cristo; así el apóstol Pablo lo llamó.

Es a ese "otro evangelio", contaminado, superfluo, influenciado de obras, modas y religión, al que yo llamo el EVANGELIO de los LABERINTOS.

En la carta a los Gálatas, el apóstol utiliza la expresión: "De la gracia de Dios habéis caído." Él no se refería cuando cometes un pecado moral, como muchos aceptan o lo quieren interpretar.

El escritor afirma que caes de la Gracia, cuando utilizas o manipulas el evangelio para hacer unas obras que no son parte, son extrañas al mismo.

Operar o vivir en el evangelio de obras crea un persistente estancamiento.

Situándonos, como privilegiados espectadores, junto al pozo de Jacob, hay una verdad bíblica que "flota en el ambiente": Si muere mi primer marido, estaré libre para casarme con el nuevo.

Da libertad la Escritura para esa acción, es el lenguaje lineal, directo, pero solapado, que aparece en el encuentro de la mujer samaritana con Jesús, ya que la mujer había tenido varios maridos, en verdad tenía una vida bastante complicada.

Pero Jesús estaba hablando desde una postura eterna. La mujer, cinco maridos había tenido y el que tenía no era el de ella.

La samaritana puede representar a los gentiles y Jesús venía a "injertarlos en el buen olivo".

> *"Cinco maridos has tenido, y el que ahora tienes no es tu marido".*
> ***Juan 4:18***

La suma es clara, cinco más uno, igual a seis y ahora estás delante del que te puede llevar al siete.

Cristo vendría a traernos el reposo del siete.

Un nuevo marido que nos lleva a la Gracia.

En sus escritos, Pablo, por revelación, enseñó: "Marido muerto"... nos lleva a ser libres de la Ley.

Hemos muerto a la ley, mediante el cuerpo de Cristo, para ser del otro; del que resucitó.

¡Ha caído el viejo Sistema!

Le pertenecemos a un *Sistema Nuevo* que no tiene la contaminación de obras muertas.

> *"Decidme, los que queréis estar debajo de la **ley**,*
> *¿no habéis oído la **ley**?."*
> **Gálatas 4:21** *(resaltados del autor)*

El apóstol, en sus escritos, trae luz de lo que es estar en la ley y que conlleva. La ley se conectaba a unas obras para poder satisfacer la condición de muertos al pecado.

> *"Y otra vez vuelvo a protestar a todo hombre que se circuncidare, que está obligado a cumplir toda la **ley**."*
> *"Vacíos sois de Cristo los que por la **ley** os justificáis; de la gracia habéis caído."*
> **Gálatas 5: 3-4** *(resaltados del autor)*

Contundentes palabras de Pablo contra el sistema de ese "evangelio", que mantenía a la gente viviendo una vida cíclica, circular, en un oscuro LABERINTO religioso que la asfixiaba.

En la carta a los Hebreos, capítulo 6, el apóstol Pablo sigue "golpeando" al sistema que mantenía sin fruto a los santos. El menciona los rudimentos que debemos dejar, para así poder proseguir adelante en nuestra jornada.

> *"Por tanto, dejando ya los **rudimentos** de la doctrina de Cristo."*
> **Hebreos 6:1 (a)** *(resaltados del autor)*

La palabra rudimento viene del Griego: "Storchelon",- "un elemento". Da la idea de algo aislado.

Los rudimentos **NO** son malos, pero tienen un tiempo para ser utilizados y si podemos salir del lenguaje de *rudimentos* y tomar la imagen y el vocabulario de los **FUNDAMENTOS**, estaremos en condiciones de desarrollar un **CRITERIO**, el cual se entiende por la facultad o capacidad para entender algo. ("Tener criterio para...)

Ha sido una constante en la humanidad y en la comunicación del hombre, que cuando no entiende algo lo "demoniza", lo trata de ignorar, lo menosprecia o directamente lo descarta.

Tomemos el principio del versículo que estamos viendo: "Dejando", palabra que implica separarse, apartarse, dejar de lado, porque somos advertidos que los rudimentos de la doctrina agobian, frustran, cansan, producen fatiga. Pero al dejarlos, cobras ánimo, te fortaleces, por esa razón el sistema perverso del LABERINTO quiere que no dejes estas maneras de vivir ni de pensar.

Cuando no dejas los rudimentos, no puedes entrar en perfección, pero si tomas la decisión de abandonar lo que debes dejar, adquieres un estado diferente, se ha creado un ambiente y una atmósfera saludable, de poder, que cambia, para bien, toda tu vida.

Los rudimentos son mencionados en su totalidad en el siguiente texto:

> *"de la doctrina de bautismos, de la imposición de manos, de la resurrección de los muertos y del juicio eterno".*
>
> ***Hebreos 6:2***

El apóstol Pablo entendió claramente a lo que Dios lo había llamado.

> *"Antes por el contrario, como vieron que el evangelio de la incircuncisión me era encargado, como a Pedro el de la circuncisión."*
>
> **Gálatas 2:7**

Allí está la batalla de los siglos. Pablo dio su vida por esto y lo vemos a través de sus cartas. Él fue el que, inicialmente, denunció esta situación y hasta donde podría llegar, si no se llevaba a la próxima generación esta Verdad Revelada.

Esas prácticas no eran cristianas, eran judías. Recordemos que lo de la circuncisión puede verse como un acto de Fe (recordativo del pacto de Dios), pero al mezclarlo con obras, solo son acciones que producen cansancios que te alejan de la Fe, porque en realidad es como una obligada demanda para que hagas algo, algún esfuerzo por salvarte o para presentar un mérito ante Dios.

La circuncisión engaña, mejor expresado: es el acto que se hace como un mero hecho religioso para presentarse mejor ante la religión impuesta.

Y sucede que cuando aparece o se revela el mensaje verdadero, auténtico, no se recibe, por estar perturbados o cegados a lo genuino del Evangelio.

Es en medio de estos dos "evangelios" que el misterio de la iniquidad se presenta; haciendo que el hombre entre por puertas que lo mantienen atrapado dentro de la confusión de la fe y las obras, parte del LABERINTO, donde lleva y encadena, la religión, que no tiene a Cristo como centro.

Capítulo 2
- Puertas Falsas en el Laberinto -

¿**H**as visto alguna vez un LABERINTO?

Desde un plano superior, al observarlo, es un verdadero reto, un desafío, intimida. Imagínate estar dentro, confundido, engañado, perturbado, algunas de las voces que escuchas te engañan, la salida parece cada vez más lejana.

En la antigüedad, los laberintos se construían a modo de trampa, para que no se pueda entrar o salir de ese lugar con facilidad.

Uno de los sinónimos de un laberinto, posiblemente es la palabra confusión.

Antes de identificar si estás en un laberinto o has entrado y te enfrentas a puertas falsas, observemos ciertos principios, para poder avanzar, y lograr la tan ansiada salida.

Cuando una palabra se revela y se asienta en nuestra mente, no podrá operar, como un factor determinante en nuestras decisiones, hasta que no reciba la **IMPARTICION del ESPÍRITU.**

Mientras esta realidad no suceda, no podremos funcionar correctamente en la revelación que nos fue dada, ya que esta nueva realidad en nuestra vida se conoce como la mente de Cristo.

En muchas oportunidades, una de las primeras reacciones, ante una impartición, es la altivez. Pienso que para evitar esta anormalidad, el mismo apóstol Pablo no fue a Corinto a predicar un mensaje, sino a anunciar el testimonio de Dios.

La autoridad no se recibe por o en un conocimiento intelectual de la Biblia, (no descarto la búsqueda o el estudio del necesario conocimiento de la Escritura) sino en *la impartición espiritual de una verdad convertida en fundamento.*

Un ministro del NUEVO PACTO no se limita a un buen sermón, sino que IMPARTE VIDA con sus palabras y con su testimonio.

De la misma manera que operó el apóstol Pablo, lo hizo Juan en la isla de Patmos.

El discípulo Juan, que estaba allí por causa de la palabra de Dios (Ap.1:9), entendió que no era solo predicar el evangelio, sino que era explicarlo desde la REVELACION.

Los "**Niveles de GLORIA**" se revelan con el tipo de FUNDAMENTO sobre el cual edificamos nuestra vida, porque serán los que nos llevará a vivir una vida de Sabiduría ya que existe una SABIDURÍA PREDESTINADA.

> *"Empero hablamos sabiduría entre perfectos; y sabiduría, no de este siglo, ni de los príncipes de este siglo, que se deshacen:*
> *Mas hablamos sabiduría de Dios en misterio, la **sabiduría oculta, la cual Dios predestinó** antes de los siglos para nuestra gloria."*
> **1Corintios 2:6-7** *(Resaltados del autor)*

La predestinación es un Fundamento de la Fe y no es un tema teológico para discutir, porque es parte de la **NATURALEZA** de Dios y lo que Expresa y asegura desde su **ETERNIDAD**.

Dentro de esa Eternidad hay MISTERIOS, que solo se pueden explicar, si el Espíritu Santo nos lo revela para poder funcionar desde el misterio. Los misterios son como secretos de ESTADO pero... **cuando los crees, lo que crees, deja de ser misterio.**

Es aquí donde la MADUREZ entra en la escena, porque las personas maduras deben establecer los fundamentos.

Si los hijos son testigos de la prosperidad del padre, ellos van a ver la prosperidad de la familia.

El fundamento es igual a la sabiduría de Dios que nos es IMPARTIDA, la cual no se puede explicar, porque es un verdadero poder, que no solo hace funcionar todas las cosas, sino que provoca un genuino y real crecimiento.

La MADUREZ espiritual siempre es proporcional a la REVELACION del Fundamento.

Un creyente, bien fundamentado, imparte vida a su entorno, su testimonio muestra que así opera el gobierno del Reino de Dios.

El Reino de Dios es la manifestación evidente y progresiva de CRISTO.

Entonces, el FUNDAMENTO del REINO, no es un sencillo conocimiento académico, no se puede enseñar desde esa perspectiva, se debe IMPARTIR porque contiene y es la persona de Cristo.

No podemos ser tentados en creer que el FUNDAMENTO es una serie de normas y dogmas. El Fundamento es y muestra a CRISTO.

Cuando no se entiende este patrón eterno, se comienza a entrar por puertas falsas, desvaríos, que mantienen extraviados y entretenidos a los santos; relatos y enseñanzas que amenazan la integridad y la pureza del evangelio de la Gracia.

Es aquí, que mundos fragmentados comienzan a manifestarse, cada uno toma una parte de la verdad y la expresa en opinión, imponiendo costumbres, creando dogmas, doctrinas paralelas que van desviando y llevando al pueblo más y más a la oscura profundidad de la confusión del laberinto.

Recuerdo la década de 80, cuando a la Iglesia se la expuso a todo lo que era la revolución de la alabanza y la adoración. La Iglesia pasó de tener himnos y cánticos que expresaban la esperanza de salir de una miseria y que algún día, Dios, los vendría a rescatar.

Por aquellos tiempos, se había publicado un material educativo con relación a este tema de adoración, que hablaba del Tabernáculo de Moisés, del Tabernáculo de David y del Tabernáculo de Salomón.

Indudablemente un buen material para estudiar y descubrir como Dios, en una manera de progresión, marcaba la jornada donde la Iglesia debía caminar.

Aquí había una puerta grandiosa que se abría, pero algo ocurrió dentro del LABERINTO.

Recuerda que, como hombres, en nuestra naturaleza, tendemos a fragmentar las cosas. Así se tomó fraccionado lo que Dios estaba revelando, eso hizo que no se maneje ni se accione en la revelación correcta.

Voy a aclarar mejor lo que sostengo. Partamos desde la Escritura.

> *"En aquel día yo levantaré el tabernáculo de David, caído, y cerraré sus portillos, y levantaré sus ruinas, y edificaré como en el tiempo pasado."*
>
> **Amós 9:11** *(subrayado del autor)*

Cuando se juntan relatos de un lado y de otro, aun con buenas intenciones, el resultado es que se termina entrando por una puerta falsa del laberinto.

Se tomó el verso de Amós 9:11, se lo juntó a lo que se estaba exponiendo a la iglesia y eso marcó años de seminarios de danzas, estilos de alabanza, congresos de adoración. Que más decir, fue un verdadero maratón, que parecía que no iba a acabar.

Fue allí donde se levantaron los "Estanques de Betesda"; los que primero "entraban en las aguas"...los que eran expertos en cada detalle, significado de colores, panderos, banderas.

Fue una competencia total.

Durante aquellos años se lucía quien portaba la mejor danza, los mejores vestidos, los mejores de todos. Mientras tanto, en forma casi imperceptible, la Iglesia entraba por una puerta falsa, y todavía, sigue en su LABERINTO, no ha podido salir, tal vez la mayor tristeza es que se siente cómoda en aquel lugar.

Esta realidad produjo, que muchos, de manera fragmentada vieran a los que no entraban en "ese mover", como viejos y obsoletos. Ahora había los "legalistas de la época" y los de la "restauración".

Este mover estimuló, a la Iglesia, para que cruzara una línea que nunca debió cruzar. Permítame explicarle.

- El Tabernáculo de Moisés marcó el inicio de una jornada del pueblo de Dios que se estaba convirtiendo en un tipo y sombra de lo que había de venir. Fue allí, en el tabernáculo, donde cada detalle, cada color, cada utensilio, aún el sacerdote y el sumo sacerdote representaban a Cristo.
- Luego la transición, al Tabernáculo de David, que era tipo de la adoración, el reinado y lo profético dentro del Reino.
- El tabernáculo de Salomón, que marca la expresión del Reino en orden y sabiduría, para la manifestación de Dios en la tierra; esto es la Iglesia.

Te invito a, que en lo personal, puedas viajar a través de la Carta a los Hebreos, para ver todo lo que el apóstol Pablo expresa en referencia a este tema.

Uno de los modismos instalados, que podemos decir que es una puerta falsa, fue el asunto del judaísmo o la imposición de costumbres propias del pueblo judío.

Comenzaron las danzas y formas hebreas en la iglesia, lo que produjo una tremenda mezcla en cuanto al mensaje del Reino.

Antes de continuar quiero hacer una aclaración y soy muy categórico, en lo que voy a mencionar:

*No soy anti-semita; quiero que esté claro.

Un anti-semita es una persona que comete delito, incitando a la discriminación, odio o violencia contra el pueblo judío. Pero debo ser muy transparente con lo que expreso de este punto en adelante.

Es más, dejaré que la misma Escritura nos hable al respecto.

> *"Decidme, los que queréis estar debajo de la ley,*
> *¿no habéis oído la ley?*
> *Porque escrito está que Abraham tuvo dos hijos;*
> *uno de la sierva, el otro de la libre.*
> *Mas el de la sierva nació según la carne;*
> *pero el de la libre nació por la promesa.*
> *Las cuales cosas son dichas por alegoría: porque estas mujeres son los dos pactos; el uno ciertamente del monte Sinaí, el cual engendró para servidumbre, que es Agar.*
> *Porque Agar es Sinaí es un monte de Arabia, el cual es conjunto a la que ahora es Jerusalén, la cual sirve con sus hijos.*
> *Más la Jerusalén de arriba libre es;*
> *la cual es la madre de todos nosotros."*
>
> **Gálatas 4:21-26**

El apóstol Pablo dice que esto es una alegoría. La cual es relato, una imagen, o cualquier obra de arte que use símbolos para expresar un significado oculto o escondido.

Hay, en el texto bíblico que antecede, mucho que reflexionar y es un tanto complejo para explicar.

El verso 25 dice que una de esas mujeres, Agar, corresponde a la Jerusalén actual y señala que está en esclavitud con sus hijos.

Hago notar: "la Jerusalén actual"...Tiene un sello que esclaviza a sus hijos.

Por otro lado, la Jerusalén de arriba, es libre y es la que nos representa, en verdad somos nosotros.

La segunda mujer era lo que había de venir; era la promesa. Por tanto el escritor expresa:

> *"Echa fuera a la sierva y a su hijo…"*
> **Gálatas 4: 30**

Apreciado lector, *necesito que te detengas* en la lectura del próximo texto bíblico:

> "**Verdad** *digo en Cristo, no miento, dándome testimonio mi conciencia en el Espíritu Santo, Que tengo gran tristeza y continuo dolor en mi corazón*
>
> *Porque deseara yo mismo ser apartado de Cristo por mis hermanos, los que son mis parientes según la carne;*
>
> *Que son israelitas, de los cuales es la adopción, y la gloria, y el pacto, y la data de la ley, y el culto, y las promesas;*
>
> *Cuyos son los padres, y de los cuales es Cristo según la carne, el*

> *cual es Dios sobre todas las cosas, bendito por los siglos. Amén.*
> **No que la palabra de Dios haya fallado: porque no todos los que son de Israel son Israelitas;**
> *Ni por ser simiente de Abraham, son todos hijos; más:*
> *En Isaac te será llamada simiente.*
> *Quiere decir: No los que son hijos de la carne, éstos son los hijos de Dios; más los que son hijos de la promesa, son contados en la generación".*

Romanos 9:1-8 *(Subrayados del autor)*

En estos versos hay mucha verdad revelada, posiblemente no necesitan demasiada explicación, pero es válida la correcta interpretación de los mismos.

La Iglesia es la nueva Jerusalén, que viene de arriba, y está cargada de herencia y descendencia.

¿Habrá injusticia en Dios al mostrar todo esto?

El mismo apóstol Pablo nos puede contestar esa pregunta. *"En ninguna manera."* **Romanos 9:14 (b)**

> *"¿O no tiene potestad el alfarero para hacer de la misma masa un vaso para honra, y otro para vergüenza?*
> *¿Y qué, si Dios, queriendo mostrar la ira y hacer notoria su potencia, soportó con mucha mansedumbre los vasos de ira preparados para muerte,*
> *"Y para hacer notorias las riquezas de su gloria, las mostró para con los vasos de misericordia*
> *que él ha preparado para gloria;*
> *Los cuales también ha llamado, es a saber, a nosotros, no sólo de los Judíos, mas también de los Gentiles?"*

Romanos 9:21-24

Puertas Falsas en el Laberinto | Capítulo 2

> *"¿Qué pues? Aquello que buscaba Israel no lo ha alcanzado; pero los que fueron escogidos lo alcanzaron: y los demás fueron endurecidos."*
>
> **Romanos 11:7**

Esta puerta falsa llevó a la iglesia, a través de sus líderes, a creer un relato distorsionado, que no estaba dentro del plan de Dios: ¡NO SOMOS JUDIOS!

Hasta hoy, vemos lugares donde se auto-denominan judíos convertidos; lugares donde las mismas costumbres, observadas bajo la ley, se les imponen a la iglesia.

Para orar hay que tener el "Talit" (manto judío).

Hay que tocar el shofar, para despejar la atmósfera. Usando costumbres, que a la verdad no tienen valor alguno contra los apetitos de la carne.

Otros, ahora, están guardando el sábado como día de reposo, para así poder estar conectados con la bendición.

Y de los viajes a "Tierra Santa" ni hablar.

Claro que hay lugares hermosos y con un gran significado, pero permítame decirle que allí no hay nada santo. Lo santo, se fue de allí hace muchos siglos.

Ahora eso santo está en usted y está esperando que se manifieste.

Como dije al principio de comenzar este tema, no es que esté en contra de los judíos; pero cada cosa en su lugar y al pueblo que le corresponde.

También se han tomado las fiestas: Rosh Hashaná, el Año Nuevo, el Yom Kipur: el Día de la Expiación, el Sucot: fiesta de las cabañas o el Purim y también el Pésaj.

Todo esto era sombra de lo que había de venir.

> *Por tanto, nadie os juzgue en comida o en bebida, o en cuanto a días de fiesta, luna nueva o días de reposo,* **todo lo cual es sombra de lo que ha de venir**; *pero el cuerpo es de Cristo.*
>
> **Colosenses 2:16-17** *(resaltados del autor)*

Con lo que escribo no estoy diciendo que se debe prohibir, si te sientes bien en hacer, está bien que lo hagas, el problema es cuando alguien lo impone para hacer creer que hay que hacer algo determinado, para ser parte del "pueblo escogido de Dios".

No se puede mezclar el poder de la elección de Dios, con estos ritos.

> *"Así que no es del que quiere, ni del que corre, sino de Dios que tiene misericordia."*
>
> **Romanos 9:16**

En otro lugar, la Escritura expresa:

> *"Porque no siendo aún nacidos, ni habiendo hecho aún ni bien ni mal, para que el propósito de Dios conforme a la elección, no por las obras sino por el que llama, permaneciese."*
>
> **Romanos 9:11**

El lenguaje es un verdadero "localizador". Expresa de dónde eres y de dónde vienes.

Cuando oigo personas hablar en términos judíos, y escucho toda esa terminología; sus palabras no pueden ocultar de donde vienen y hacia dónde van. Puedo oír la mezcla que tienen y la puerta falsa por donde han llevado su fe.

Cristo nos redimió de volver a los rudimentos y de permanecer estancados en un ciclo. Todas esas fiestas se cumplieron en Cristo; aun la ley se cumplió en EL.

Hoy, más que nunca, oigo los argumentos de algunas personas defendiendo a Israel, porque hay que orar por Israel, eso es verdad, pero es imprescindible darse cuenta que "ese Israel", que menciona la Biblia, es la IGLESIA; y que el Israel natural no tiene nada que ver con lo que Dios está haciendo con Su Iglesia.

No hay nada malo orar por tal o cual nación del planeta, todo es bendición pero ¡ay! de aquellos que no oran ni interceden por su Iglesia Local y solo oran por la Nación de Israel.

No oran por su ciudad o su nación pero oran por Israel. Verdaderamente están cambiadas sus prioridades en el laberinto.

El mismo problema, que enfrentó el apóstol Pablo, es el mismo de hoy día. Una lucha por imponer obras.

Pablo definió con claridad la batalla y la llamó por su nombre: Guerra entre el Evangelio de la Circuncisión contra el Evangelio de la Incircunsición. Fue de tal magnitud la tensión que se generó, que Pablo tuvo que confrontar a Pedro, por su conducta religiosa.

Los primeros pasos del apóstol Pablo fueron como la semilla de mostaza, comenzó pequeño, con dificultades pero su fin fue bien grande.

> "DESPUÉS, pasados catorce años, fui otra vez a Jerusalén juntamente con Bernabé, tomando también conmigo a Tito.
>
> **subí por causa de una revelación,** y les presenté el **evangelio que predico entre los Gentiles**; mas particularmente a los que parecían ser algo, por no correr en vano, o haber corrido.

> *Más ni aun Tito, que estaba conmigo, siendo griego, obligado a circuncidarse*
> *Y eso por causa de **los falsos hermanos**, que entraban secretamente para espiar nuestra libertad que tenemos en Cristo Jesús, para ponernos en servidumbre."*
>
> **Gálatas 2:1-4** *(textos resaltados del autor)*

Pablo combatió el efecto de la "Jerusalén de abajo", con el poder de la revelación. Ese efecto había impactado a Pedro, a tal grado que el mismo Pablo tuvo que reprenderle.

> *"Pero cuando Pedro vino a Antioquía, le resistí en la cara, porque era de condenar."*
>
> **Gálatas 2:11**

El Apóstol Pedro había caído en el juego de la doble vida religiosa. Con los judíos era de una manera y con los gentiles otra. Pedro vivía en mundos fragmentados.

Es por eso que el apostolado de Pablo fue extraordinariamente efectivo.

Su LABOR APOSTÓLICA fue remover todo lo que estaba impidiendo la expresión genuina del Reino de Dios. De estas acciones se debe impregnar y funcionar el apostolado de hoy.

Al final de la historia del apóstol Pablo, no podemos negar el hecho, que los que le persiguieron y conspiraron contra Él y hasta su muerte, fue por parte de los que predicaban el evangelio de la circuncisión.

Lo persiguieron por toda Asia y provocaban revueltas,

para que Pablo fuera atrapado y puesto en la cárcel.

Así, como antes, es ahora.

Se persigue este mensaje y aun se crea un mensaje populista que arremete contra el Evangelio Eterno.

Increíblemente se oye en algunos sectores la expresión: "Cuidado con ese mensaje de la Gracia, porque es licencia para pecar."

De esa manera se le mete miedo al pueblo, demonizando el mensaje para que los santos se retiren de ese camino.

De allí la expresión, del mismo apóstol Pablo, cuando dijo:

> *"¡OH Gálatas insensatos! ¿quién **os fascinó**, (hechizó) para no obedecer a la verdad, ante cuyos ojos Jesucristo fue ya descrito como crucificado entre vosotros?"*
>
> **Gálatas 3:1**

Esto implica el ser "hechizados" (algunas traducciones: "embrujados") por este tipo de mensaje que no tiene que ver con el Reino de Dios, sino con ritos y costumbres que hacen del pueblo un organismo estéril y sin relevancia.

Este sistema crea santos cansados y fatigados.

Hay muchos hechizados siguiendo filosofías y nuevas corrientes doctrinales, que los han seducido, aun para cambiar sus posturas y así estar lejos de donde Dios los ha colocado.

Esto es una apostasía total.

Una ambición desmedida por conocer lo judío y el hebreo, los significados, las costumbres y aun se han creado escuelas, donde exponen a la iglesia en todo ese asunto.

Vuelvo y repito, nada de esto es malo en cuanto a adquirir conocimiento.

El mismo Jesús confrontó este estilo de vida, que los mismos fariseos habían llevado a los judíos a navegar.

En el evangelio de Mateo, capítulo 23, vemos esta historia.

> *"Entonces habló Jesús a las gentes y a sus discípulos,*
> *Diciendo: Sobre la cátedra de Moisés se sentaron*
> *los escribas y los Fariseos:*
> *Así que, todo lo que os dijeren que guardéis, guardadlo y hacedlo;*
> *más no hagáis conforme a sus obras: porque dicen, y no hacen."*
>
> **Mateo 23:1-3**

Preste cuidado a la expresión: "Cátedra de Moisés." Significa lugar donde se reposa, también banca o fundamento.

Los fariseos habían usado ese lugar, para desde allí, desarrollar toda su creencia. Su manera de pensar los limitó a un sistema de vida carente de efectividad.

Ellos invalidaron la Palabra de Dios por y con sus tradiciones.

Por consiguiente gobernaron mal, se enseñó mal, la actitud de los líderes religiosos estaba mal y las finanzas del templo estaban siendo usadas mal. Aun sus prácticas religiosas se habían vuelto ostentosas y fuera de lugar. Esto, definitivamente, era una tormenta perfecta.

Pero cuando Jesús entró en escena, supo confrontar la "desolación" que había en la casa del Padre.

El término desolación tiene grande implicaciones.

Habla de parásitos que devoran el sistema reproductivo. En otras palabras, Jesús anunció que su casa había sido violada y se le había desarrollado un parásito que no la dejaba operar en la naturaleza que Dios la había creado.

A la Iglesia, bíblicamente hablando, se le llama la mujer, porque tiene el sistema reproductivo para llevar adelante el avance del Reino en toda su perspectiva y potencial.

Dejemos esto claro....Toda la Escritura, en cuanto a la herencia para los santos, está escrita en pretérito. Los que vivimos en Dios, vivimos una FE en pretérito.

Toda la Escritura está basada en pretérito, ya que la obra de Dios en la Escritura, está consumada. "Nos hizo, nos salvó....!". En el ser espiritual, el tiempo, se vive consumado.

Cuando Jesús dijo: "consumado es", esta declaración es una verdad que transforma en realidad lo que esperaba el cielo, incluye todos los aspectos de la fe.

El único evangelio que te lleva a esta verdad es el de la Gracia de Dios.

Lo demás es un mundo de obras, la cual el hombre, en su naturaleza carnal, le agrada, porque al obrar, se siente merecedor de la recompensa.

Esto es solo una de las tantas puertas falsas, que este evangelio de hechizos hace. No tendríamos tiempo para poder hablar de tantas otras puertas, como es la puerta falsa que contaminó lo apostólico y lo profético.

Cuando se levantó todo el mover de reforma en cuanto a lo apostólico fue un verdadero renacer para la Iglesia.

Pero con la visión y el ejercicio, desde su mundo fraccionado, el hombre tomó eso como un título y no como una verdadera función, fragmentando y quebrando de este modo, el poder de los dones de ascensión.

Esto creó otra mala práctica, infectada, contaminada en todo ese mover: No era extraño escuchar, en ciertos ministerios, que ya no había pastores, porque todo el mundo quería o buscaba, ser nombrado apóstol.

Recuerde: Dios nunca ha dejado de hablar, pero se levantaron generaciones tras generaciones, que no se han conectado al entendimiento de Dios, en cuanto a la verdad precedente; lo cual es entender como Dios entiende y como Dios quiere trasmitir las acciones que deben ser llevadas adelante por la Iglesia, sin contaminaciones ni puertas falsas que se abren generosamente por falsos "porteros" que hacen desembocar en verdaderos Laberintos de confusión y dolor.

Es una realidad, tenemos una generación que ama la revelación, que tiene sed y hambre, pero tristemente, busca reconocimientos y por otro lado, otro grupo cargado y exigido en un activismo total que sigue golpeando la Iglesia, dejándola inoperante, exhausta, debilitada, para afrontar cualquier crisis o batalla que se presente.

Es posible que el cristianismo se enfrente al mayor desafío de su historia: una serie de poderosas y crecientes seducciones que están cambiando sutilmente las interpretaciones bíblicas y socavando la fe de millones de personas.

La mayoría de los cristianos apenas son conscientes de lo que está ocurriendo, y mucho menos entienden los problemas que conlleva.

Por extraño que parezca, la mayoría de los líderes cristianos actuales, que claman, con razón, contra tantos males, dicen poco o nada sobre el resurgimiento de la brujería que está arrasando tanto al mundo secular como en la iglesia.

En muchos casos refleja una falta de conciencia o ingenuidad, y en algunos casos una falta de voluntad para admitir su propia participación.

¿A qué se debe esto? Muchos buenos cristianos están tan desinformados sobre el ocultismo, que no lo reconocerían, salvo en sus formas más evidentes, oscuras y flagrantes.

Para agregar confusión en el LABERINTO, por doquier hay cristianos que parecen no entender los pasajes de la Biblia que prohíben las prácticas ocultas, por lo que tampoco pueden reconocer la brujería, que los socava y los ahoga en un mar de caos y desconciertos.

La medida en que las creencias y metodologías anticristianas e incluso ocultistas, se han integrado en el cristianismo en los últimos años es asombrosa, y penosa; esta tendencia, se está acelerando a un ritmo alarmante.

Es como si estos "modismos" se convirtieran en el pulmón artificial, que le da aliento a ciertos hombres, que han decidido buscar su "éxito" fuera de lo diseñado por Dios.

El éxito, el reconocimiento, la cantidad de seguidores en las redes, parecen ser el nombre del juego hoy en día. No sólo en el mundo, sino también dentro de la iglesia. La humildad está fuera, la vanidad, la autosuficiencia, la vanagloria, el engreimiento, están dentro, florecen como mala hierba, a pesar de que las Escrituras nos instan a "estimar a los demás más que a sí mismos" (Filipenses 2:3).

Solía ser de conocimiento común, que el pecado acosador de la raza humana, era el orgullo.

Ahora, sin embargo, se nos dice que nuestro problema no es que pensemos demasiado en nosotros mismos, sino demasiado bajo, nos desmerecemos, que todos tenemos una mala imagen de nosotros mismos, y que nuestra mayor necesidad es fortalecer nuestra autoestima.

Aunque Pedro escribió:

> *"Humillaos, pues, bajo la poderosa mano de Dios, para que él os exalte en el momento oportuno"*
>
> **1 Pedro 5:6**

Se nos insta a "visualizarnos", para alcanzar el éxito.

El éxito y la autoestima se han vuelto tan importantes en la iglesia, que parecen eclipsar todo lo demás.

Ni hablar de aquellos que aman más la denominación que al Cuerpo de Cristo.

Por otra parte las tendencias que predominan en temas como la paternidad, lo profético, los pactos de dinero y otras modas, que todo se utiliza para manipular al Cuerpo, a la Iglesia y así mantenerlo dentro de un LABERINTO, que si bien genera un activismo, (que tiene mucho de ilusión y espejismo), pero que, lamentablemente, es usado para beneficio de algunos pocos.

Es como el cautiverio en los zoológicos.

La gente paga por entrar, entretenerse con los saltos de un mono o el rugido de algún viejo león; todos quieren ver la última atracción, pero a "costilla" de una especie que está en cautiverio, presa, también en un LABERINTO, alejada de su hábitat, donde por naturaleza debería estar, lejos de esa cárcel y ese triste espectáculo, en el cual, la obligan a participar.

Pero en las antípodas de ese cautiverio, ese LABERINTO trágico y cruel, está el Ser Espiritual, quien no vive una vida lineal (Presente, Pasado, Futuro) sino que vive eternidad. Claro que es difícil, porque en el mundo natural que se nos presenta cada día es complejo de vivir, por la necesidad constante, que tiene o se le exige el hombre de resultados inmediatos.

Esta es la gran contradicción: un asunto que opera en DOS mentalidades.

Esta mentalidad doble, se le llama algo ambiguo o sin entendimiento. Hombre simple, es aquel que no tiene confusión para entender que la vida eterna, es la vida que Dios nos ha dado y por lo tanto no debe estar sujeta al Pasado, Presente o Futuro.

Es expresión de Eternidad al máximo. Allí no hay puntos de referencia, allí se mueve el TODO en TODOS.

El relato religioso siempre atentará contra la VERDAD que Dios le está dando a esta generación.

Se tiene que desarrollar una mentalidad donde aún la influencia de nuestros PADRES no pierda influencia con respecto al DISEÑO DIVINO para nuestras vidas.

Las Palabras de Jesús no eran un simple **RELATO**, eran el verdadero PAN, que alimentaba el espíritu de la gente, en cambio los rudimentos son un negocio.

¿Por qué? Porque mantienen a las personas atadas, ya que las prácticas son solo **RUDIMENTOS**, que felizmente, tienen fecha de vencimiento.

¿Nuestro desafío ante este LABERINTO?

Poder ver lo contemporáneo y es acerca de lo que Dios está haciendo en nuestra generación.

El Evangelio no debe ser "fraseológico" o acomodar frases para intentar acomodar ideas.

No tiene que ver con lo que hacemos sino donde estamos, en Espíritu y verdad, **¡fuera del LABERINTO!**

Capítulo 3

- El Efecto Devastador del Laberinto -

Algunas características del LABERINTO son muy conocidas:

- El perímetro exterior del laberinto está siempre cerrado.
- La celda de salida, se encuentra en una de las cuatro esquinas del laberinto.
- La celda de salida del laberinto tiene siempre tres paredes, facilitando a la persona salir, una vez que ha encontrado la salida correspondiente.

"Navegar" por un laberinto es hacer uso de una variedad de habilidades cognitivas, claves, que incluyen el aprendizaje espacial y la memoria, la memoria de trabajo, la toma de decisiones y la capacidad de razonamiento general.

Los seres humanos difieren en su nivel de habilidad cognitiva, por lo tanto, también en su capacidad para resolver laberintos. Este es el gran truco o la mejor pericia para hallar los caminos correctos.

Los laberintos se diseñaban y construían con distintas dificultades, trampas o engaños para que, hallar la entrada o la salida correcta, no sea fácil.

Con estas acciones en mente, podemos concluir, que no era un acertijo sencillo o una simple acción, salir de allí.

Por ser una estructura con muchos caminos o pasajes a veces conectados, pero otros, totalmente bloqueados para seguir adelante, todo era difícil para encontrar el camino. Las transiciones, en medio de paredes y pasadizos, con muchas elecciones, en ciertas oportunidades no eran las mejores ni las más acertadas.

Lo que describí en lo natural, es igual cuando se trata de mantener a los santos fuera de su función, es el plan de este siniestro LABERINTO.
Es tratar de secuestrar a la Iglesia, en un sitio de confusión, para mantenerla sirviendo a y en otro sistema.
Estar en un LABERINTO espiritual, detiene, hace vivir paralizado al Cuerpo de Cristo, para no dejarlo movilizarse, a través del Espíritu Santo, en su verdadera función y llamado.
El plan de Redención no solo fue salvarnos, sino para ubicarnos en el lugar correcto, para funcionar correctamente en la cita divina.

El efecto del Espíritu Santo predominante, ha causado un grandísimo y bendecido impacto en la movilización de los santos, pero, se ha visto y padecido, la dominación y el sutil abuso de autoridades espirituales o de los ministros, sobre la iglesia, como nunca antes.
Es innegable, que esta tragedia espiritual, ha causado el alejamiento de muchas personas que demuestra una clara y triste abdicación de los laicos.
Esto ha creado el siguiente panorama:
El clero domina, sólo en la medida que el pueblo renuncie, retroceda, abdique. A esta trágica desdicha ocasionada, la podemos llamar: ¡el Ministerio por Deficiencia!

La indiferencia hacia la iglesia está creciendo.

El alejamiento silencioso se está esparciendo. La identificación con la iglesia está disminuyendo paso a paso.
Los ministros sinceros ya no se sienten apoyados por sus congregaciones y a menudo están enredados en lu-

chas solitarias para llegar a la gente.

El fenómeno presente: mientras más gente es deficientemente instruida, más independiente se torna, porque al sufrir las manipulaciones, a la que se ve sometida, menos pueden admitir el papel pasivo del que escucha y mira por encima en los servicios, viviendo en un constante juicio destructivo a lo que ve en cada culto.

Ante este desolador panorama, el trabajo de todos en la iglesia ha llegado a ser la tarea de unos pocos "clero", mientras los laicos desarrollan una **"mentalidad de auditorio"**.

Solo escuchan, más o menos atentos, pero abandonan el involucrarse en las acciones de la iglesia.

La pasividad espiritual ha ganado sus almas. Los conquistó la tibieza. Además, para agregarle angustias a esta realidad, no faltan los temores infundados del clero, por mantener a sus seguidores cerca de ellos. Generando una congregación cuya voz es contenida y sumergida por la preocupación; angustiada, pronto dejará de oírse o será ignorada.

Bíblicamente hablando, el trabajo de la Iglesia no es única responsabilidad de los ministros; es tarea compartida de todos sus miembros del Cuerpo.

> *Él (Cristo) hace que todo el cuerpo encaje perfectamente.*
> *Y cada parte, (miembros) al cumplir con su función específica,*
> *ayuda a que las demás se desarrollen,*
> *y entonces todo el cuerpo (La Iglesia) crece*
> *y está sano y lleno de amor.*
>
> ***Efesios 4:18 (NTV)*** *(Entre paréntesis del autor)*

Pero... ¿Quién está haciendo todo el trabajo?

Solo los Pastores. Pero esta es una tarea que requiere a todo el Cuerpo, incluye tanto a los ministros como a los laicos.

La ausencia de este énfasis bíblico no solo ha llevado a la restricción del ministerio de los profesionales sino también a funciones adicionales que no están bíblicamente basadas en el pastor.

La lista de prioridades del pastor, actualmente, se ha diluido, es un bombero espiritual que tiene que correr para apagar cualquier incendio.

De este modo, se fue convirtiendo es cualquier cosa menos en su función, pero muchas veces convencido que esa locura de activismo es un verdadero llamado.

Lo que estoy describiendo, solo en mínima forma, nos deja con el siguiente panorama:

Llamados a hacer una cosa y obligados a hacer otra, cargados con responsabilidades no autorizadas y cansados de los programas que se suceden uno tras otro, como si en esas repeticiones se alcanzarían las metas establecidas.

Tenemos a los hombres aptos para el ministerio, Pero NO el ministerio apto para cada hombre.

Todo lo anterior estaba marcando el camino para que un cambio profundo se centrara en la re-evolucionada idea del ministerio.

Esta nueva "normalidad" trajo como expresión inmediata la aparición de "grupos familiares" o "grupos de células".

Pequeños núcleos de creyentes hambrientos. Ministros y laicos, comenzaron a reunirse en casas y departamentos.

Alguien describió este tipo de movilización: "Cristianos en marcha ", por todo lugar.

Lo que se estaba poniendo en recuperación era el secreto a la renovación en la Iglesia de los laicos activos en sus dones y ministerios.

El Ministerio De los Santos

El comienzo de la Iglesia fue marcada por poca organización formal y la diferencia era de función y no de posición.

*No había funciones, con privilegios especiales, sino servicios voluntarios.

*Había pastores, pero su diferencia tenía que ver con su papel y no con su autoridad.

El panorama actual no surge en la actualidad, no es una novedad de los tiempos modernos.

Todo comenzó al fin del primer siglo. Fue una obra de las tinieblas, bien completa, para desplazar y reducir la fuerza de la Iglesia como Cuerpo.

La iglesia dejó de ser una "comunidad carisma" (Dones en función), en la cual todos eran ministros, sino más bien un grupo dividido: Cleros o Laicos, lo sagrado y lo secular.

Era como si los Laicos escogían lo que serían, mientras que ellos, el Clero, era quien tenía el llamado.

Lo "carismático", no se refiere aquí, solo a "hablar en otras lenguas"; más bien a los "dones espirituales" en general.

La Palabra "carismático" proviene del término en griego "carisma o carismas" que literalmente significa "don" o "dones".

La raíz de la palabra es la misma que la de "GRACIA"

e indica que los dones otorgados son "dones de gracia".

Implica que estos dones son dados no como resultado de méritos o merecimiento, sino por la Gracia de Dios.

Por tanto, la Reforma del siglo 16, fue en gran medida, un intento de recuperar el principio de congregaciones (como algo opuesto a lo jerárquico) y el sacerdocio de los creyentes, pues uno es la consecuencia lógica del otro.

Ahora, en pleno siglo 21, estamos enfrentados al mismo desafío.

Por falta de entendimiento, se ve la movilización de los santos, como un impulso anti-ministerial y se obvia de que se necesita de tal ministerio para llevar las responsabilidades de la fe apostólica y ordenar la capacidad de los laicos para el ministerio.

El problema no es el "clero" sino el clericalismo, El exclusivismo del ministerio.

Claro que podemos seguir viendo abusos en el uso de estos dones, como fue en la iglesia de los Corintios. Pero es el mismo abuso de la jerarquía la que impulsa tal abuso.

Cada vez que la Iglesia pierde esta justificación, esta experiencia y esta perspectiva, la diversidad de los "CARISMATA" y la unidad de la comunidad se pierde.

Estamos al borde de una nueva manifestación de la verdadera naturaleza y llamado de la Iglesia, con poder y Espíritu, es lo que se precisa; no simplemente una restauración de la Iglesia o una Iglesia más activa.

¡La renovación de la Iglesia es inminente!

Definiciones y Conceptos

Cuando hablamos del término "Laicos", no estamos hablando de un concepto nuevo.

Esta palabra significa simplemente "el Pueblo", y en sentido cristiano significa "el pueblo de Dios".

Cuando se aplica a los cristianos, se refiere a todo el pueblo de Dios.

Por otro lado la palabra "clero", viene de la raíz "KALEO" y significa "llamar".

Otra palabra que se conecta con este concepto lo es "vocación" que también quiere decir "llamar."

En sus orígenes se entendía que todo el pueblo de Dios era "llamado."

Cuando el movimiento cristiano apenas tenía un siglo, los términos de "Clero" y "Laicos", adquirieron un cambio de significado.

Fue Clemente de Roma, cuando en el año 95 utilizó la palabra "laicos" para referirse a los miembros comunes de la corte y desde entonces, el abismo se ha ido ampliando.

Hoy, la búsqueda de lo sobrenatural, ha provocado que se comiencen a revisar términos y conceptos "perdidos" en el pasado, que arrojan luz sobre toda esta verdad.

Son el clero-laico y no el clero y los laicos lo que se debe estar movilizando hacia la edificación del cuerpo de Cristo.

Cuando se renueva el uso de estos términos, estamos llegando a ver que las definiciones no se limitan a QUIEN, sino que incluye qué debe hacer el pueblo de Dios.

Al observar el desarrollo de la Iglesia después de Cristo, podemos observar tres alegorías para describir al pueblo de Dios, cuyo, fin es referirse tanto en quienes son como que hacen.

El primer término lo es el racional, el otro espiritual y el último funcional:
- El racional se refiere al de la NOVIA. Su principal sentido es el de quien somos en relación a Cristo.
- El espiritual habla del TEMPLO. Este nos lleva a ver que Dios no mora en templos hechos de manos o un edificio; sino que El mismo mora en su pueblo.
- La última es lo funcional y refiere de que somos CUERPO. Por ser cuerpo, NO todos los miembros tienen la misma función.

Estas tres alegorías/ definiciones, deben ser mantenidas en equilibrio, pero la definición más clara de los laicos está en la metáfora FUNCIONAL, porque sostiene lo que tienen que hacer los "LAICOS", en la dimensión espiritual y relacional.

Ante este panorama todas las ideas se interrelacionan.

El apóstol Pablo lo resume hablando de dones espirituales, del llamado de Dios y del ministerio.

Entendemos que cuando el cuerpo funciona, lo hace porque sus miembros tienen dones y han sido llamados al ministerio.

El apóstol Pablo llamó a este funcionamiento, diversidad de operaciones (ENERGEMA).

Esta Gracia creativa lleva a una nueva obediencia y los dones de la Gracia, a un servicio efectivo.

Las permanentes frustraciones de los ministros radican, principalmente, en que están haciendo todas las cosas, que son útiles, pero esas muchas actividades, muchas veces, les impiden hacer lo que es necesario.

Esta realidad es una evidencia contundente, que entró o está atrapado, en un LABERINTO.

La principal tarea del ministro es capacitar a los santos para la obra del ministerio.

Muchas actividades de las que hace el pastor actualmente tiene que ver poco o nada con sus dones y llamamiento.

Hacer lo bueno, no siempre significa, Lo realmente necesario.

En todos los pasajes del NT, que se refieren al papel pastoral, el énfasis exclusivo es el de enseñar, sea por la proclamación, la instrucción, el ejemplo o la disciplina.

**Definiendo términos.
Obispo, Ancianos, Pastores.**

Estos términos, se usan en el NT, generalmente para designar las funciones del pastor.

El término obispo, significa "sobre-proveedor" o "supervisor". Del griego "episkopo". Notemos que al final estos términos derivaban en la función de corrección de una verdad distorsionada.

El pastor tiene que enseñar, antes de cualquier acción. (Maestro).

¿Qué ha de enseñar?

Aquello que tenga que ver con "perfeccionar a los santos para la obra del ministerio."

Si los pastores han de enseñar a los santos, los santos han de liberar a sus pastores, para que lo hagan.

Hemos llegado a este punto hablando de funciones, dones y de perfeccionar a los santos para que haya una movilización del Cuerpo que llene la tierra.

Pero, sé que cabría la pregunta:

¿Qué tiene que ver esto con el tema de los laberintos? ¡MUCHO!

Recuerda que la razón de los laberintos es mantener a la gente en ciclos, confundidos, desorientados, que en ocasiones los lleva a una parálisis espiritual que los anula.

El LABERINTO es un ámbito confuso, de incertidumbre y ambigüedad, a tal grado, que hay personas que abdican, renuncian, retroceden de lo que son, lo que representan o a lo que han sido llamados.

A esta complejidad, se le suma la falta de empatía para poder restaurar, los que por alguna razón, han sido sorprendidos en alguna falta o están también cautivos de otros laberintos.

Posiblemente se tiene en poco el texto del apóstol Pablo:

> *"Hermanos, si alguno fuere sorprendido en alguna falta, vosotros que sois espirituales, **restauradle** con espíritu de mansedumbre, considerándote a ti mismo, no sea que tú también seas tentado".*
>
> **Gálatas 6:1** *(resaltado del autor)*

Hoy vemos que se hizo realidad la triste frase célebre, que se ha escuchado en muchos sectores: "La Iglesia es el único ejército que mata a sus combatientes heridos."

Es posible, que por esta causa, haya muchos cristianos, que prefieren callar sus faltas, esconder sus heridas, tapar sus debilidades, para no ser expuestos al

El Efecto Devastador del Laberinto | Capítulo 3

"fuego" de la crítica, la condena, la expulsión o el marginamiento de esos círculos que han desarrollado una vida de "extravagancia y "seudo" altura espiritual".

Cristianos que, para no sentirse fuera del grupo, prefieren sacrificar su función por la imagen de prestigio que no quieren perder.

Quiero hacer público y DENUNCIAR a aquellos que han preferido vivir en este Evangelio de los Laberintos y con ellos, han arrastrado a miles de santos a creer en un evangelio que no fue diseñado por el Padre Eterno. Aquellos que han negado la Gracia de Dios, solo por ganar prestigio y adquirir un nombre que les da privilegios que los han llevado a sabotear al Cuerpo de Cristo.

DENUNCIO a aquellos que han tomado los dones de ascensión y han desarrollado redes apostólicas, solo para adquirir riquezas, favores y reconocimientos.

También denuncio a aquellos profetas que dicen "así dice el Señor", cuando en realidad, Dios no ha hablado.

"Vino a mí palabra de Jehová, diciendo: Hijo de hombre, profetiza contra los profetas de Israel que profetizan, y di a los que **profetizan de su propio corazón***: Oíd palabra de Jehová. Así ha dicho Jehová el Señor:* **¡Ay de los profetas insensatos, que andan en pos de su propio espíritu***, y nada han visto! Como zorras en los desiertos fueron tus profetas, oh Israel. No habéis subido a las brechas, ni habéis edificado un muro alrededor de la casa de Israel, para que resista firme en la batalla en el día de Jehová.* **Vieron vanidad y adivinación mentirosa***. Dicen:* **Ha dicho Jehová, y Jehová no los envió***; con todo, esperan que él confirme la palabra de ellos. 7 ¿No habéis visto visión vana, y no habéis dicho adivinación mentirosa, pues que decís: Dijo*

> *Jehová, no habiendo yo hablado? Por tanto, así ha dicho Jehová el Señor: Por cuanto vosotros habéis hablado vanidad, y habéis visto mentira, por tanto, he aquí yo estoy contra vosotros,* **dice Jehová el Señor. Estará mi mano contra los profetas que ven vanidad y adivinan mentira;** *no estarán en la congregación de mi pueblo, ni serán inscritos en el libro de la casa de Israel, ni a la tierra de Israel volverán; y sabréis que yo soy Jehová el Señor.* **Sí, por cuanto engañaron a mi pueblo, diciendo: Paz, no habiendo paz";**
>
> **Ezequiel 13:2-10** *(resaltados del autor)*

A aquellos que manipulan e intimidan a los santos con perder su salvación, para que les sirvan a sus deseos y ambiciones de poder.

DENUNCIO a esos sectores, que han secuestrado al Cuerpo de Cristo y lo han llevado a creer y a crear una Paternidad Manipuladora y sin sentido, que han creado santos fatigados y cansados, teniendo como resultado divorcios, infidelidades y aun la apatía, de sus propios hijos, por abrazar la Palabra de verdad.

Te pregunto, has llegado a este punto de la lectura. ¿Qué vas hacer ahora, que conoces que el EVANGELIO DE LOS LABERINTOS ha sido desenmascarado?

No puedes quedarte de brazos cruzados.

Se lo que estás pensando.

Si te levantas a denunciarlo, te adelanto lo que sucederá:

Te excluirán de tu puesto.

Te dirán que estás rebelde; que un "espíritu de Jezabel" te tomó y te has convertido en enemigo de la visión. Y ni hablar de los mensajes que el pastor, desde el púlpito, comenzará a predicar: Mensajes como: "Identifican-

El Efecto Devastador del Laberinto | Capítulo 3

do el Espíritu de Rebelión en la Casa", "Descubriendo a Jezabel", El espíritu de Absalón".

Y si eres mujer, el ataque será frontal y aun te harán sentir que "Jezabel" te usa para detener el avance de la Visión; si estás casada/o es hasta posible que comiences a tener crisis en tu matrimonio.

Conozco de muchos que terminan divorciados y hasta separados del Cuerpo.

Otros han caído profundamente en el laberinto y han perdido el norte, la dirección, de tal manera que han tenido relaciones extramaritales y lo mantienen oculto hasta que se descubre; y este mismo sistema en vez de restaurarlos, los abandona en el camino, porque siempre tienen a mano la primera piedra para arrojar.

A este tenaz LABERINTO de oscuridad, se suma el "Judaísmo Cristiano", que ha creado un intelectualismo y una arrogancia, indisimulada, entre aquellos que se mueven en esa esfera.

También están aquellos que ven "demonios" en todos lados y te van llevando a creer que, ahora, estás influenciada por espíritus satánicos.

Verdaderamente este Sistema es de confusión y de soledad.

No debemos tener misericordia de esto.

> *"Apercibíos contra Babilonia alrededor, todos los que entesáis arco; tirad contra ella, no escatiméis las saetas: porque pecó contra Jehová.*
>
> *Gritad contra ella en derredor; dio su mano; caído han sus fundamentos, derribados son sus muros; porque venganza es de Jehová. Tomad venganza de ella; haced con ella como ella hizo."*
>
> **Jeremías 50:14-15**

Somos las armas de Jehová ante estos muros, que han creado, para separarnos de nuestra función e identidad.

> *"Abrió Jehová su tesoro, y sacó los vasos de su furor: porque esta es obra de Jehová, Dios de los ejércitos, en la tierra de los Caldeos."*
>
> ***Jeremías 50:25***

> *"Haced juntar sobre Babilonia flecheros, a todos los que entesan arco; asentad campo sobre ella alrededor; no escape de ella ninguno: pagadle según su obra; conforme a todo lo que ella hizo, haced con ella: porque contra Jehová se ensoberbeció, contra el Santo de Israel."*
>
> ***Jeremías 50:29***

Es imposible terminar este capítulo sin dejar fuera lo que he llamado "Declaraciones sin Argumentos".

Me refiero a una verdad absoluta de Dios, que debido a su evidencia, no necesita demostración.

Los fariseos y los griegos, siempre buscaban demostración de todo lo que Jesús hablaba.

> *"La generación mala y adúltera demanda señal; mas señal no le será dada, sino la señal de Jonás profeta."*
>
> ***Mateo 12:39***

Este concepto demuestra una declaración, que se toma como verdadera, se lo conoce como AXIOMA.

Esta palabra proviene de un término griego que significa: "aquello que se considera digno o adecuado".

Ante este TRAGICO panorama de LABERINTOS, nuestro entendimiento debe elevarse con los axiomas que el Eterno ha declarado sobre lo que somos.

El primer axioma es que la Iglesia debe funcionar como un Cuerpo, con muchos miembros.

> "Porque de la manera que el cuerpo es uno, y tiene muchos miembros, empero todos los miembros del cuerpo, siendo muchos, son un cuerpo, así también Cristo."
> **1Corintios12:12**

El segundo, Dios es quien provee, a cada miembro, con un don, para cumplir servicio en el Cuerpo. Con este axioma, claramente avanzamos.

El tercero, La actividad del Cuerpo es igual a las diversas funciones de sus miembros y nada más.

> "Si dijere el pie: Porque no soy mano, no soy del cuerpo: ¿por eso no será del cuerpo?
> Y si dijere la oreja: Porque no soy ojo, no soy del cuerpo: ¿por eso no será del cuerpo?
> Si todo el cuerpo fuese ojo, ¿dónde estaría el oído?
> Si todo fuese oído, ¿dónde estaría el olfato?"
> **1Corintios12:15-17**

El cuarto: La función de cada miembro es vital para el Cuerpo y debe servir en ella.

> "Mas ahora Dios ha colocado los miembros cada uno de ellos en el cuerpo, como quiso.
> Que si todos fueran un miembro, ¿dónde estuviera el cuerpo?

> *Mas ahora muchos miembros son a la verdad, empero un cuerpo. Ni el ojo puede decir a la mano: No te he menester: ni asimismo la cabeza a los pies: No tengo necesidad de vosotros."*
>
> **1Corintios12:18-21**

*El quinto axioma, en el contexto de la escritura anterior, vemos el que nos lleva a entender que Dios dirige a cada miembro a funcionar de modo que pueda ejecutar su don.

*El sexto axioma, nos dice que el personal de la Iglesia y su potencial educativo, debe capacitar a cada miembro para su función.

> *"Para perfección de los santos, para la obra del ministerio, para edificación del cuerpo de Cristo."*
>
> **Efesios 4:12**

No basta saber y entender los Axiomas. CADA AXIOMA es un PRINCIPIO que requiere una ESTRATEGIA, bien emprendida, para que avance el propósito de Dios.

Estas son las estrategias:

1- Cada miembro de la Iglesia es un ministro, pero debe servir en UNIDAD con los demás ministros.

2- El programa de la Iglesia debe iluminar plenamente a cada miembro en el privilegio y la responsabilidad de ejercer el don.

3- Cada función de la Iglesia, que no puede ser mantenida, sin continua presión pastoral sobre la gente, debe ser dejada, para que muera en forma natural o se vaya transformando en el propósito divino asignado.

4- Un miembro, no debe cumplir una función principal para la cual no está dotado o capacitado.

5- El equipo de Ancianos debe reconocer el don y función de un miembro y entonces adecuar su programa a ella.

6- La verdadera efectividad de una iglesia, en términos de servicio, igualará la capacidad de su fuerza de preparación, para ayudar a que cada miembro desarrolle y ejerza su don espiritual.

En medio de esta renovación hay cosas esenciales que no pueden quedar rezagadas como lo es el "KERYGMA" (proclamación), la "KOINONIA"(comunión) y la "DIAKONIA" (servicio).

Los LAICOS deben/pueden ser lanzados, pero primero deben ser "sueltos".

La "KOINONIA" es ser tan consagrados a los demás como lo somos en Cristo. La "KOINONIA" es un factor causante.

El Cuerpo requiere los dones, capacitar a los que los tienen y entonces, estos deben responder a la iglesia.

Todo este mover tiene el fin de que cada laico esté, obtenga, se desarrolle y crezca en el lugar correcto.

Cuando se confronta la vida de, y en los LABERINTOS, es inevitable hacernos algunas preguntas de evaluación y de confrontación:

1- ¿Por qué estoy en este trabajo? ¿Es un accidente, o es la voluntad de Dios?

2- ¿Para quién estoy trabajando? ¿Para Dios o para los hombres?

3- ¿Qué estoy tratando de obtener? ¿Un pago? ¿Prestigio? ¿Reconocimientos?

4- ¿Con quién estoy trabajando? (repito la pregunta). El primer interés de Dios son las personas. Él quiere que nosotros tengamos conciencia de los que nos rodean.

5- ¿En qué clase de lugar estoy? Si Cristo actúa con seriedad en su movimiento de crecimiento. ¿Estoy en el lugar correcto?

Todos tenemos dones impartidos y su función es importante.

No debemos permitir que "Babilonia"/Confusión, siga avanzando.

Ha llegado la hora de reclutar y tocar trompeta para levantar a esos arqueros que se levanten contra Babilonia y se rompan los muros del LABERINTO.

Capítulo 4
- La Vía de Escape del Laberinto -

Es apropiado, en este punto de la lectura, definir algunas cosas sobre la Gracia de Dios y sus efectos en los bendecidos y elegidos.

Aparte de lo que expresaba el judaísmo y la circuncisión, el Padre estaba previendo que llegaría un tiempo que iba a haber un pacto desde donde la Vida saldría del Espíritu.

> *"El espíritu es el que da vida; la carne nada aprovecha:*
> *las palabras que yo os he hablado, son espíritu, y son vida."*
>
> **Juan 6:63**

Observamos que Jesús fue un practicante del judaísmo e hizo esta declaración, aun viviendo pacto de Carne. Juan registra otra expresión en el capítulo 7 de su primer tratado:

> *"El que cree en mí, como dice la Escritura, ríos de agua viva*
> *correrán de su vientre."*
>
> **Juan 7:38**

La Escritura venía anunciando un cambio en la historia. Hay personas que piensan que toda la Biblia es la Escritura. Esta composición de libros se le llama BIBLIA, no la Escritura. Escritura es lo que en los días de su carne se dijo y enseñó desde los Profetas y Salmos.

> *"Y comenzando desde Moisés, y de todos los profetas, les declaraba*
> *en todas las Escrituras lo que de él decían."*
>
> **Lucas 24:27**

Luego viene la Historia, en los 4 tratados y le siguen los Hechos. Escritura significa Inspirado por Dios- traído por el Espíritu.

Mateo, Lucas. Juan, Marcos NO pueden ser contados como Escrituras propiamente dichas, porque registran Hechos que ellos vivieron.

> *"puesto que ya muchos han tratado de poner en orden la historia de las cosas que entre nosotros han sido ciertísimas."*
>
> **Lucas 1:1**

Luego vienen los Evangelios. Los cuales podemos decir, que NO fueron inspirados sino REVELADOS. Revelación es un misterio aclarado.

Cuando el apóstol Pablo, habla, trae claridad:

> *"Este evangelio lo recibí por revelación"*
>
> **Gálatas 1:12**

Entonces, desde la Escritura, ya Dios venía anunciando que vendría un Nuevo Pacto.

El que creía así, sin obrar de la persona que lo aceptaba, fluiría una fuente de agua de vida.

La Ley opera, con lo de afuera, tratando de modificar una conducta. La Ley es de afuera, opera en la superficie visible del hombre, es por eso que las religiones operan de afuera y no llegan a cambiar las conductas internas del hombre.

Es aquí donde se genera el gran conflicto del sistema con el mensaje de la Gracia. De lo que Dios venía anunciando que llegaría.

Cuando ves un sistema que no opera con lo de adentro, NO está operando de acuerdo a la ESCRITURA.
Este es el PRINCIPIO, como dice la ESCRITURA:

> *"Porque somos hechura suya, criados en Cristo Jesús para buenas obras, las cuales Dios preparó para que anduviésemos en ellas."*
> ***Efesios 2:10***

Creados para buenas obras. Dios las preparó de antemano.

En la actualidad, en Estados Unidos y gran parte del mundo, cuando se construyen casas, gran parte de ellas ya están pre-fabricadas. Ya hay elementos de la casa pre- conectados. Estas son las obras hechas y preparadas de antemano.

Una vez que eres ALUMBRADO se activa con el servicio integrado. No es que entras al proceso; tienes el mismo paquete. Ya este servicio está integrado en usted.

Para una persona que NO esté alumbrada, este mensaje no tiene demasiado sentido. Se activa una verdad por medio de la **ILUMINACIÓN**. Se activa un bendecido, activando la Mente de Cristo, que ya está en el Creyente.

> *"Y el Dios de paz que sacó de los muertos a nuestro Señor Jesucristo, el gran pastor de las ovejas, por la sangre del testamento eterno, Os haga aptos en toda obra buena para que hagáis su voluntad, haciendo él en vosotros lo que es agradable delante de él por Jesucristo: al cual sea gloria por los siglos de los siglos. Amén."*
> ***Hebreos 13:20-21***

Aptos para buenas obras, para hacer *Su Voluntad* y esta realidad solo se produce, con eficacia, cuando Jesús está obrando en nosotros.

El **"ALUMBRADO"** deja de ser y Él, comienza a ser en ti. Esta es la ciencia del Espíritu en ti. Ya no operas en la carne ni eres dirigido por la obra de la carne. Si es el Espíritu en ti, estás muerto a la carne. Los que son de Cristo son alumbrados y caminan en obras buenas, preparadas de antemano.

> *"Pero ahora hemos quedado libres de la ley, habiendo muerto a aquella en la cual estábamos detenidos, para que sirvamos en novedad de espíritu, y no en el arcaísmo de letra."*
>
> ***Romanos 7:6***

Debemos tener claridad acerca de que la única razón de vivir en el Espíritu, es vivir conforme a la FE del Hijo de Dios.

> *"Con Cristo estoy juntamente crucificado, y vivo, no ya yo, mas vive Cristo en mí: y lo que ahora vivo en la carne, lo vivo en la fe del Hijo de Dios, el cual me amó, y se entregó a sí mismo por mí."*
>
> ***Gálatas 2:20***

No podemos vivir en la carne porque ya estamos muertos a ella. No nos pertenecemos, somos de "otro". Si somos de Cristo, esta es nuestra verdadera identidad. Esta es la esencia de lo que somos. No deberíamos orar por algo que ya está en nosotros.

Pero lo que está fuera de nosotros, es lo que quiere dirigir y gobernar.

> *"Y manifiestas son las obras de la carne..."*
>
> ***Gálatas 5:19***

Estas mentiras no son la realidad de lo que es en el Espíritu. Esta es la leve tribulación: estas obras son vivir en la carne, fuera de la fe en Cristo.

"Porque los que son de Cristo, han crucificado la carne con los afectos y concupiscencias."

Gálatas 5:24

Lo que se presenta en tu carne es una mentira. Si algo se levanta o es porque estás alimentado o proveyendo para deseos que no tienen relación con la voluntad de Dios.

"Mas vestíos del Señor Jesucristo, y no hagáis caso de la carne en sus deseos."

Romanos 13:14

Como estás en Cristo, en pleno presente, lo que experimentas es temporal. No debes entrar en prácticas, deseos, o engaños que van en contra de la voluntad de Dios. Un bendecido no debe entrar en esas prácticas, pero la tentación está en desearlas o abusar de ellas.

Es en la vida en el LABERINTO, lo que causa que todo este Sistema se levante y te mantenga lejos de ser iluminado y operando en las buenas obras.

Exponerte a este tipo de evangelio, que causa un obrar para complacer a los hombres, quedar bien delante del "grupo " para no sentirte fuera de lugar, va a generar una serie de ciclos donde quedarás atrapado y sin fruto.

"Porque la ley produce ira; pero donde no hay ley, tampoco hay transgresión."

Romanos 4:15

Hay preguntas que se generan al detenernos en los textos que preceden a este párrafo:

¿Quedaremos atados a ese Sistema?

¿Podremos salir de los Laberintos?

¿Nos atamos? ¿Quién nos tiene cautivos?

Definitivamente hay una manera de salir, porque nunca fue el plan de Dios mantenernos en la prisión del Laberinto.

¿La salida?

Es una especie de algoritmo, muy sencillo y únicamente requiere hacer una cosa: No separar tu mano derecha de la primera pared que encuentres.

De esta manera, teniendo siempre una pared a nuestra derecha y recorriendo toda su superficie caminaremos hasta que lleguemos a la salida.

¡HAY QUE IR POR LA DERECHA!

Todo lo expuesto hasta aquí, en este capítulo, era necesario, porque es la esencia de lo que cargamos y lo que somos en Dios.

Sé, que para muchos, lo planteado ha sacudido "muchos ídolos" y aún maneras de pensar que han provocado y resultado, en una cultura estéril.

Así que es hora de salir del Laberinto, tocando la pared de la DERECHA.

> *"El cual siendo el resplandor de su gloria, y la misma imagen de su sustancia, y sustentando todas las cosas con la palabra de su potencia, habiendo hecho la purgación de nuestros pecados por sí mismo, se sentó a la **diestra** de la Majestad en las alturas."*
>
> **Hebreos 1:3**

La Vía de Escape del Laberinto | Capítulo 4

Debemos funcionar y operar en el entendimiento que estamos sentados con Él, allí.

> *"Bendito el Dios y Padre del Señor nuestro Jesucristo, el cual nos bendijo con toda bendición espiritual en lugares celestiales en Cristo."*
>
> ***Efesios 1:3***

Además de esta realidad, acerca de donde se halla el lugar central de nuestra bendición espiritual, fuimos constituidos justos.

> *"Porque, si por un delito reinó la muerte por uno, mucho más reinarán en vida por uno solo, Jesucristo, los que reciben la abundancia de la gracia, y del don de la justicia.*
> *Así que, de la manera que por un delito vino la culpa a todos los hombres para condenación, así por una justicia vino la gracia a todos los hombres para justificación de vida.*
> *Porque como por la desobediencia de un hombre los muchos fueron constituidos pecadores, así por la obediencia de uno los muchos serán constituidos justos."*
>
> ***Romanos 5:17-19***

Lo que los laberintos hacen es esconder esta verdad para mantenerte cautivo; colocarte en una postura donde dudes de tu salvación y de la herencia que Dios te ha dado.

Observando los términos dentro del texto anterior, la palabra "Reinarán", habla de Soberanía legal. La cual menciona el delito que implica la Apostasía, que significa estar fuera de lugar.

Por otro lado vemos la palabra "Condenación", la cual implica un veredicto. Al final leemos la expresión: "Constituidos", que nos lleva por encima de todo, ya que es un término legal y superior.

Estas palabras se relacionan con lo establecido o designado. Dios se lo declara al profeta con absoluta contundencia:

> "Antes que te formase en el vientre te conocí, y antes que salieses de la matriz te santifiqué, te di por profeta a las gentes."
>
> ***Jeremías 1:5***

La profecía dada es clara: te conocí, te consagré, te di Legalidad, te puse por Profeta. Este tiempo de declaración de Dios lleva a que se mueva eternidad en el presente, por la Palabra, y de esta manera cargas el poder de haber sido constituido.

Cuando hablamos de "diestra", hablamos de un ámbito desde donde la Eternidad tiene su expresión más clara y definitiva. La declaración fue contundente en Mateo 16, cuando expresa:

> "Tú eres el CRISTO, el Hijo del Dios viviente".
>
> ***Mateo 16:16***

Al que el Padre revele, es el que **resucitó**, y está a la **DIESTRA** de Dios Padre. No es meramente que estás a la "DERECHA", sino en la posición correcta.

Somos, desde allí, TESTIGOS del TIEMPO.
No solo testigo *Presenciales* sino *Vivenciales*
y Directos.

No fue uno que solo vio, sino uno que ayuda a hacer. Los testigos llevan la "Bitácora", que es el registro detallado de lo que Dios hace.

Todo lo anterior te lleva a entender la REVELACION desde la historia de CRISTO. De no tener esto claro, caminarás solo en un conocimiento del Cristo Histórico.

En el encuentro con Pedro, hay un cambio de nombre. Simón era un zelote. Una REVELACION de Jesús le cambia el nombre. Esto llevó al pescador a posicionarse como hijo de la Diestra.

La Redención nos hace "HIJOS DE LA DIESTRA". Esta es la Roca desde donde Dios edifica.

Sobre esta "ROCA" edificaré, (sobre los "ABEN". Palabra en hebreo). Aben se usa para definir HIJOS. De donde proviene el nombre Benjamín, hijo de mi diestra.

Estar en el "ABEN" provocará que las Puertas del Hades no prevalezcan. No prevalecerán sobre una iglesia fundamentada en la REVELACION que el PADRE trae.

La dinámica de REVELACION genera CULTURA porque revela padres. Pero la cuestión es que iglesia no ha tenido o no ha desarrollado PADRES sino Líderes. Hacer que un edificio se llene, hoy es relativamente fácil, pero unir esas partes, PROFÉTICAMENTE, es un RETO, un verdadero desafío.

La Multiplicación PROFETICA viene por PROCESOS. El crecimiento es INTEGRAL porque el crecimiento genera REPRODUCCIÓN.

Para caminar de acuerdo a este "hilo" profético es importante saber lo que Dios hizo ayer y aún más, lo que está haciendo hoy.

Nuestra lucha es contra "Puertas" que se levantan

para mantenernos en el laberinto y quedar atrapados allí.

Las puertas plantean un lugar de entrada y de salida. Pero en este contexto significan también TRIBUNAL.

Las puertas eran el lugar donde se sentaban los ancianos a legislar. Legislar es dar forma al decreto que establece una Ley. El objetivo de la Ley es normar la forma de pensar/funcionar y de actuar de aquellos que están bajo una forma determinada de gobierno.

Las Puertas del Hades indirectamente nos hablan de autoridades que legislan. El apóstol Pablo presenta a las potestades como jerarquías ya que los "Principados" son "ARCHE" de donde proviene la palabra arquetipo.

El arquitecto trabaja con Diseños, que previamente definió en su mente.

La idea que Pablo nos da, es de un príncipe arquitecto, que traza los diseños a partir de líneas de pensamiento.

El rey Salomón, recibió por revelación los detalles del templo: Tal es el pensamiento, somos. Actuamos de acuerdo como pensamos.

Las Puertas del HADES son un Diseño en la mente de los hombres, lo que ha generado una Cultura. Una ADVERTENCIA: Aunque la persona se convierta, SU CULTURA no cambia.

La Religión, en sus prácticas y en su influencia, ha puesto presión para modificar la conducta de los creyentes, para llevarlos a apartarse de la vida del REINO. Esto genera, que tenemos valiosas mujeres y hombres que aman a Dios, pero siguen teniendo una mentalidad regional, pequeña, que no puede elevarse para trascender la frontera de sus propios ojos.

Las Puertas de Hades son una influencia sobre un territorio desde donde se creó una forma de pensar que pasa de una generación a otra. Esto lleva a un proceso DEGENERATIVO, que tenemos hoy, como dominante en muchas estructuras eclesiásticas.

La IGLESIA guiada por el Espíritu está llamada a romper con esta línea de INIQUIDAD.

Hemos permitido que las Puertas tengan su Base y pensamientos que trascienden culturalmente, cautivando pueblos y llevándolos a laberintos.

Es por eso que Dios está despertando la conciencia de los hijos para que lleguen a un nivel de conciencia mucho más alto.

> *"Porque como por la desobediencia de un hombre los muchos fueron constituidos pecadores, así por la obediencia de uno los muchos serán constituidos justos."*
>
> **Romanos 5:19**

El laberinto te lleva a mantener una conciencia baja o débil, donde experimentas el ahogo de la mediocridad de vivir, resignado a un nivel solo de subsistencia, donde no hay crecimiento ni efectivo avance.

La conciencia es la capacidad que tenemos de ver la realidad del diseño de Dios para nuestras vidas.

Nos permite evaluar los acontecimientos a nuestro alrededor y de este modo descubrir donde está o cómo es el diseño divino para cada uno.

Cuando puedo descubrir, detrás del escenario, fuera del laberinto lo que Dios ha diseñado, es porque tengo una conciencia Elevada.

Cuando IGNORAS el plan perfecto, vives bajo el nivel y las promesas que Dios diseñó.

La oración del apóstol Pablo fue dirigida a ser llenos de toda inteligencia espiritual.

Esto es una conciencia alta, suprema; una conciencia alta es tener una actualización permanente del diseño de Dios en tiempo real.

Hoy se requieren personas con CONCIENCIA ALTA, que conozcan los tiempos. El beneficio de tener una expansión a nivel de conciencia es que permite estar firme detrás del escenario y fuera de los laberintos que alguien puede proponer.

En forma habitual cuando alguien hace algo malo se le dice: "Este hombre **NO** tiene conciencia".

En realidad, la tiene, pero la tiene muy bajita, o atrofiada. Hay niveles de vida tan bajo que la gente camina dormida. Ese adormecimiento les provoca un "atraso espiritual" del cual emanan ciertos apagones a niveles de conciencia.

Este cuadro se ve nítidamente en la historia del hijo Pródigo:

"Y volviendo en sí,..." **Lucas 15:17**.

Estaba dormido, bloqueado mentalmente, pero vuelve a sus cabales, razona, sale del aturdimiento de la pobreza.

Lo mismo le sucede al gadareno. "...endemoniado desde hacía mucho tiempo; y no vestía ropa ni moraba en casa, sino en los sepulcros". Lucas 8:27 (b). Estaba fuera de sí. Dormida su conciencia.

Para enfrentar y resolver procesos, ¡hay que estar despierto!

José estaba atento, despierto para recibir y restaurar la relación con sus hermanos. En cambio, el DORMIDO espiritual, pasa sus días quejándose, perturbado, viviendo en la protesta o el desánimo por todo y ante todos.

El tipo de personas que producen los "laberintos", son gente dormida, que no sabe, no quiere o no puede volver en sí, para despertar de la oscuridad del laberinto, que lo tiene cautivo.

Por eso la importancia de ser iluminados, con la conciencia a pleno, en tipo de altura espiritual, no dejando que las distracciones ahoguen tus metas.

> *"Si tu ojo es bueno todo tu cuerpo estará lleno de luz"*
> **Mateo 6:22(b)**

El texto que antecede afirma acerca del "OJO" del entendimiento ya que estar iluminado, es estar con conciencia alta, plena, totalmente cercana a lo que Dios quiere manifestar a sus hijos.

Alteración genética con lo que ves.

Repasemos un hecho muy particular, y es la historia de las cabras con Jacob. *(Génesis 30:31)*

Las ovejas fluían mirando las varas rayadas.

Decididamente había una alteración genética en lo que las ovejas veían. Claro que es curioso, pero refleja un poderoso principio espiritual, que muchas veces no comprendemos en su totalidad lo que representa.

Permíteme el consejo: ¡Cuídate de lo que ves!, y sobre todo, cuando concibes algo del Eterno.

Lo que ves altera lo que fluirá.

Hay contenidos que oyes, que se convierten en un verdadero magneto, un imán para atraer lo diseñado en el mundo espiritual sobre y para tu vida.

Los diseños espirituales requieren de una mentalidad

sincronizada para manifestar riquezas.

Hay una transferencia destinada para aquellos de conciencia alta.

- *Hay una alteración por la palabra – **Transferencia**.* Josafat reconoció el tiempo que enfrentaba; recogieron riquezas durante tres días por la palabra profética que habían recibido. (2 Crónicas 20:14)

> *"Viniendo entonces Josaphat y su pueblo a despojarlos, hallaron en ellos muchas riquezas entre los cadáveres, así vestidos como preciosos enseres, los cuales tomaron para sí, tantos, que no los podían llevar: tres días duró el despojo, porque era mucho."*
>
> ***2 Crónicas 20:25***

Hay atmósferas de grandeza diseñadas para ti.

Lo que, sin lugar a dudas, provocará que se manifieste lo declarado por la Palabra de Dios, y se haga realidad en cada en uno de nosotros.

Capítulo 5
- Lo que está Oculto en el Laberinto -

No hay nada más frustrante que, al conocer que tienes la capacidad de avanzar, no avanzas, estás detenido.

Tienes la seguridad y la experiencia que a través de los encuentros con los santos, Dios habla, pero ciertamente no logras ver esa palabra cumplida.

Esto es parte de la mentalidad de "laberinto" que se ha desarrollado en la gente.

Al principio es un sistema seductor, atractivo, que crea una aparente identidad, dejándote saber, a veces, otras imponiéndote, que, si no lo aceptas, no podrás avanzar.

Pero es de sabios entender que sobre todas las palabras está la verdad de Dios; certeza que precede a todo lo creado.

Es verdad precedente, porque representa lo primero que se dijo, lo que tiene carácter, lo que existía.

Esto es lo que marca un antecedente primario, lo que se quiso hacer, intencionalmente, al comienzo de todo. En definitiva: lo que Dios tenía presente en su eterno propósito.

Como hijos de Dios debemos tener entendimiento del tiempo que nos toca vivir.

En medio de este tiempo hay una TRANSICION que Dios impone sobre la tierra. La transición es un movimiento que se produce de un lugar a otro. Se usa de manera literal.

En la Biblia se ve como un movimiento espiritual.

Las personas pueden, (porque tienen libertad para hacerlo) inventar TRANSICIONES.

A modo de ejemplo: "A partir de hoy has esto o aquello." Un ser humano puede iniciar una transición pero esa acción puede tener o no, la aprobación del cielo. Cuando una transición es iniciada sin consentimiento divino, es seguro que tendrá fecha de CADUCIDAD.

A este resultado solo se le puede llamar movimiento, en medio de una jornada, ya que nunca produjo, para lo que fue diseñado.

Cuando no se llega a potenciar, darle la tracción correcta, el ámbito se torna un caldo de cultivo para la frustración.

Aun en el plano de la política de los países, cuando una nación inicia un transición y no la cumple, se puede terminar con una generación lisiada, frustrada, fracasada, que seguramente afectará a los que siguen.

Sucede todo lo contrario con las transiciones que inicia Dios en medio de la Historia, no son negociables, no se pueden manipular, no se pueden alterar, tienen la precisión y el orden del cielo.

En las transiciones de Dios, o le obedeces o mueres en el camino. No es un asunto de opinar, de torcer el timón o de buscar que hacer en medio de ello.

Son como los cambios de clima (4 estaciones), un "perfecto" reloj. Cuando suceden se produce un cambio total: de ropa, de temperatura ambiente, en la naturaleza, en la alimentación, de oscuridad, de más cantidades de horas de sol. Son señales de obediencia.

Nadie discute esas transiciones de Dios.

> *"Y dijo Dios: Sean lumbreras en la expansión de los cielos para apartar el día y la noche: y sean por señales, y para las estaciones, y para días y años."*
>
> ***Genesis.1:14***

En las distintas estaciones no se trata de opinar o forzar sino de gobernabilidad.

No se aconseja prender la calefacción en pleno verano ni enfriar la habitación cuando afuera está nevando, ni ir a nadar a la playa cuando hasta el termómetro parece tiritar. La gobernabilidad no es pretender cambiar las estaciones de Dios sino que, ante las circunstancias, busco sabiduría para vivir en medio de los cambios que el Altísimo propone.

El Espíritu de Dios viene hablando de que hay una transición en progreso. Por ese motivo era clara la palabra del apóstol al decir: "Vestíos de la Palabra".

Nos vestimos con la enseñanza, la predicación, el consejo. Aun con las canciones —son de los elementos más trascendentales— que la iglesia ha usado.

¡Atención! Palabras que salen de nuestra boca visten a las personas —para bien o para mal— de temporadas.

Los apóstoles insistían que la iglesia estuviera vestida de "Temporada", con la ropa adecuada al tiempo.

Entendemos por vestiduras, no algo que tenemos sobre nuestro cuerpo físico, de acuerdo a lo que dicta la moda del momento, sino como algo que, espiritualmente, cubre desde nuestra cabeza a nuestros pies. Allí están nuestras vestiduras.

Podemos declarar, sin temor a equivocarnos, que los vestidos son pensamientos espirituales, que gobiernan nuestra vida.

Si el evangelio no resulta a la medida que esperamos, lo que probablemente habrá que hacer es cambiar las vestiduras, porque la "mentalidad de laberinto", busca cambiar tu honra, tus vestidos por uno de menos calidad, con remiendos o con harapos que no van con la temporada.

Por ejemplo: Si estás vestido de invierno en medio del verano (espiritualmente hablando) es evidencia de la vida ridícula que impone la religión y el laberinto que te tiene oprimido.

En Pedagogía hay algo que se conoce como "MAYEUTICA" o método socrático para ayudarnos a encontrar y recordar la verdad.

Fue el método aplicado por Sócrates, (500 años antes de Cristo) a través del cual el maestro hace que el alumno, por medio de preguntas, descubra los conocimientos necesarios.

Jesús, a través de preguntas, activó el pensamiento de las personas, ya que utilizó esta forma de comunicación para asegurar, en los discípulos, si su experiencia era un hecho filosófico o que realmente era una experiencia real y profunda de vida.

Venimos de una cultura que muchas veces el hecho de preguntar era prohibido o muy restringido.

La verdadera paternidad tiene que ver con hacer preguntas a los hijos, antes que ellos mismo las hagan y así tener u ofrecer respuestas antes que se hagan las preguntas.

Preguntas que no se hacen entre los sanos, tristemente se harán entre los enfermos.

Preguntas que no se hacen entre santos, difícilmente encuentren respuestas en la soledad o en el libertinaje.

Entiendo que la iglesia está de embarazo eterno: está engendrada, tiene vida, pero pareciera que nunca termina de nacer para lo que debió haber nacido.

El problema de la mujer en el Edén, es que todo lo que Dios creó, ella permitió que la serpiente se lo pusiera en preguntas, en duda: "¿Así que Dios os ha dicho?" Génesis 3:1 (b)

Cuando metemos un mundo entre preguntas no te queda otra que usar la pedagogía para creer.

En el Parto hay cosas que son inminentes:
- ¿Cómo provoco dolores, si no están?
- ¿Cómo los alivio, una vez que están presente?
- ¿Qué decido, si corre peligro la madre?
- ¿Qué hacer si el niño está en problemas?

Cuando Dios observa que en la tierra hay una generación que resiste, para aquello que está llamada a dar a luz, primero activa los dolores y luego acompaña en el parto. ¡Él está siempre presente!

La razón de este mover de Dios es porque lo Eterno se debe *cumplir*.

Si algo no nace, no ocupa el sitio donde tiene que estar, hace que todo esté en riesgo.

Debemos dar a Luz la verdad "Precedente" para convertirla en PRESENTE. Sin verdad PRECEDENTE no hay PRESENTE.

Se puede compartir una doctrina que predicamos, pero sin producir aquello de lo cual fuimos llamados a generar en quien nos escucha.

Hay dos cosas que abortan una transición espiritual:

a) La primera es estar ligados, por comodidad, por tradición, o por temor, a lealtades falsas, posturas que pensamos que son verdad pero no lo son.

b) Lo segundo son los pasados o experiencias que queremos resucitar y Dios NO, ya las dio por muertas.

Recuerde que la VERDAD PRECEDENTE es la Verdad en la cual fueron creadas todas las cosas.

Cuando esto no se tiene claro, se estará yendo de lugar en lugar, buscando "lo que no se te ha perdido", y eso es estar atrapado en un verdadero laberinto que asfixia tu espíritu.

Estas situaciones se producen en lo que llamamos "Iglesias legalistas", yo salí de allí.

Otra congregación tenía un culto más activo, más dinámico, más cercano, a lo que yo mismo buscaba. El cambio no se dio por una verdad Precedente, sino huyendo de una verdad vieja.

Para evitar este tipo de transición falsa, hay que tener ¡Una Vida anclada a la Eternidad!

La otra cosa que aborta lo espiritual, son los jóvenes gobernados por una MODA.

Mientras una generación está atada a Lealtades Falsas, la otra está atada a MODAS. Modas que "visten la cabeza" de los creyentes. Ambas cosas se juntan en algo llamado CULTO. Allí se ven unidades corruptas ocupadas en funciones descompuestas.

Atados a canciones que no funcionan y rudimentos sin sentido; al final lo hacen porque gusta, queda bien, pero la tragedia es que no hay evidencia de vidas eternizadas, que cambian, solo jóvenes con "cara de CULTO", para que sus padres o sus eventuales líderes, se sientan orgullosos de ellos.

Actos que cambian de ritmo, de luces, de escenografías, pero no cambian nada en el mundo que estamos viviendo. Es una distracción total ante el mensaje de Dios. Es desechar el entendimiento por lo superficial, lo de ahora, sentir un poco de euforia religiosa y creer que eso es glorioso...

Pero... están atrapados, en un entretenido laberinto.

Durante mis años en la escuela superior, recuerdo que parte del tiempo lo pasábamos en el laboratorio de la clase de ciencias. Era interesante todo lo que se podía ver en ese sitio.

Lo que está Oculto el Laberinto | Capítulo 5

Tuvimos una semana de feria científica donde presentamos un laberinto, que habíamos hecho, para luego colocar unas ratas de laboratorio y observar sus conductas antes los retos y dificultades que se le presentaban.

Al colocar las dos ratas en la puerta de entrada fue interesante ver que solo una comenzó a caminar y adentrarse en el laberinto, mientras la otra, visiblemente confundida, esperaba, para luego proseguir lentamente.

Cuando vemos la blanca inocencia de una rata de laboratorio, no advertimos que fue mutada genéticamente para llegar a ese color pero además del tono que perdieron se alteró el sentido de comunidad que las hace volver independientes y territoriales, creando de este modo un sentido de inseguridad al caminar. Es por eso que la primera rata cuando entró al laberinto percibe que ninguna otra rata ha entrado y entra con total confianza. La otra, entra con preocupación y llena de inseguridad que carga en sus genes, porque se da cuenta que otra rata ha entrado y ha marcado su territorio. Esta nueva identidad hará que no se encuentre o no quiera convivir con la primera rata.

Así nos hizo el pecado, inseguros, territoriales, exclusivistas, compitiendo los unos contra otros, tristemente dando vueltas en los laberintos institucionalizados por el hombre.

Todos los involucrados en el Proyecto y observación del mismo, no esperamos demasiado para hacerle preguntas al profesor, acerca de los motivos de las conductas de los pequeños roedores.

Su respuesta fue contundente.

Nos comenzó a explicar lo que le sucede a las ratas de laboratorio, en relación a los laberintos: es un ejercicio para ver el comportamiento de lo que es memoria de corto plazo.

La memoria a corto plazo se define como el mecanismo de memoria que nos permite retener una cantidad limitada de información durante un limitado tiempo.

La memoria a corto plazo retiene temporalmente la información procesada, puede ser olvidada o después pasar a conformar la memoria a largo plazo.

Cuando la rata de laboratorio es expuesta en el laberinto, debe activar su memoria para recordar, en corto tiempo, la ruta que ha marcado y así no regresar al punto de partida, quedando atrapada en el laberinto.

Eso fue lo que vimos: ratas tratando de utilizar su memoria corta para así poder retener la información que generaban, lo que a su vez le creaba nueva información que la llevaba a activar un progreso.

Has escuchado la frase: "Como rata en laberinto".

La frase "como una rata en un laberinto" se usa para describir una situación en la que una persona está atrapada en un dilema imposible, con muchos giros y vueltas, o cuando un personaje siente que es objeto de un experimento, observado y manipulado.

¿Qué tienen que ver las conductas de las ratas con nosotros? Permítame responderle de esta manera.

Cuando recibimos una palabra del Señor, ya sea por un mensaje en una reunión, una llamada, una canción o en medio de una lectura, nuestra memoria corta comienza a funcionar rápidamente.

Vienen escenas, recuerdos, otras escrituras y nos corresponde ir ubicando cada cosa en su lugar.

El apóstol Pablo lo definió de la siguiente manera:

Lo que está Oculto el Laberinto | Capítulo 5

> *"Lo cual también hablamos, no con doctas palabras de humana sabiduría, mas con doctrina del Espíritu, acomodando lo espiritual a lo espiritual."*
>
> ***1Corintios 2:13***

Si no manejamos la memoria corta, correctamente, toda información que recibas se perderá y terminarás olvidando la instrucción.

El pueblo de Israel experimentó esta situación en el desierto. Podemos decir que Dios los llevó a un "laberinto", donde día a día debían depender de Él y de la instrucción que recibían directamente del Señor.

La vida de esclavitud había desarrollado una mentalidad de esclavos, pero, es allí, en el desierto, donde Dios les enseña a no olvidar.

> *"Por tanto, guárdate, y guarda tu alma con diligencia, que no te olvides de las cosas que tus ojos han visto, ni se aparten de tu corazón todos los días de tu vida: y enseñarlas has a tus hijos, y a los hijos de tus hijos."*
>
> ***Deuteronomio 4:9***

> *"Guardaos no os olvidéis del pacto de Jehová vuestro Dios, que él estableció con vosotros, y os hagáis escultura a imagen de cualquier cosa, que Jehová tu Dios te ha vedado."*
>
> ***Deuteronomio 4:23***

El olvidar crea ídolos que te separan de Dios y de lo que Él ha diseñado en ti.

Dentro del "laberinto" se van creando distancias.

Recordemos el experimento que hicimos cuando yo era joven, observamos que una de las ratas avanzaba y la otra quedaba rezagada, volvía y venía, esta, aun en su dilema y esfuerzo, avanzaba, le llevaba una distancia. Así es lo que provoca el laberinto: distancia entre dos generaciones, aun entre "compañeros de milicia".

Más que la confusión, la distracción y la falta de enfoque, los laberintos producen brechas generacionales.

Es innegable que se está produciendo una brecha, una distancia que va alejando a generaciones, que deberían estar trabajando juntas, en los propósitos divinos.

Hay un gran desafío y es convertir un humano en una persona espiritual. Si esto no sucede, lo demás es maquillaje, superfluo, niebla que se disipa apenas aparezcan las dificultades dentro del laberinto.

> *"Porque la palabra de Dios es viva y eficaz, y más penetrante que toda espada de dos filos: y que alcanza hasta partir el alma, y aun el espíritu, y las coyunturas y tuétanos, y discierne los pensamientos y las intenciones del corazón."*
>
> **Hebreos 4:12**

Es allí, cuando comienza el cambio. No podemos hacer nada con mera información que recibamos. Debemos poner a funcionar el Cerebro.

Debemos dejarnos "cortar" por la Palabra, siguiendo de ese modo nuestro viaje en el laberinto, no voluntario, no para estar estancados dentro de

sus paredes sino para seguir las etapas de cambio y transformación que tenemos por delante.

Estas fueron las herramientas de Jesús para la transición que proponía.

> *"Y rodeó Jesús toda Galilea, enseñando en las sinagogas de ellos, y predicando el evangelio del reino, y sanando toda enfermedad y toda dolencia en el pueblo."*
>
> ***Mateo 4:23***

Jesús en y con su mensaje, enseñaba a ordenar los pensamientos. No era solo un orden superficial.

Tenemos presente que sin la predicación NO hay efectividad en la transición.

¿Qué diferencia hay entre estos dos términos?
Son dos naturalezas diferentes.

La predicación habla de alertar a una generación a la urgencia de cambios. La que nos pone ante el reloj de los tiempos que nos toca vivir. Ubica al auditorio, en el tiempo de su propia existencia. No tiene que ver solo con enseñar, sino que propone un estado de alerta y de despertar de la somnolencia espiritual que solo se lleva adelante cuando se produce en el espíritu y por el Espíritu. Hay dos Palabras claves ante este escenario:

LOGOS y REMA.

Logos: es palabra que accedes con tu intelecto. Se aprueba con los 5 sentidos. Versión accesible para un humano natural para afectar nuestros sentidos.

Rema: es la palabra, que la predicación, activa en tu corazón, haciendo entender como Dios está siendo revelado en el tiempo en tu vida. Palabra que transforma nuestras vidas.

En breves palabras, el logos es para el humano pero el **rema** eterniza al humano, ya que se hace realidad la Palabra de Dios encarnada en nuestras vidas para manifestar imagen y semejanza para lo que fuimos creados.

Creer debe ir acompañado de personas que crean lo que deben creer y discernir lo que no tienen que creer.

Hoy hay mucho que se dice, se informa, se trasmite, pero debes discernir que creer, que ignorar, y que desechar.

En medio de esta transición, hay mucho que no debemos CREER.

Deberíamos reflexionar, un verdadero "parar la pelota", si vemos que lo que estamos hablando, predicando o enseñando NO está produciendo frutos que estamos declarando o esperando, deberíamos revisar nuestras conductas.

> *"Este pueblo de labios me honra; mas su corazón lejos está de mí."*
> **Mateo 15:8**

Tal vez es la señal, que no percibimos, porque todavía vivimos atrapados en los laberintos de la religión y la tradición eclesiástica a la que estamos sometidos.

En los días que vivimos, las palabras de Jesús deben tomar un sentido más profundo, más que nunca en nuestras vidas.

La oscuridad de los laberintos, que
se nos presentan o nos obligan a entrar,
no puede ahogar la Palabra, ni dejar de honrar
al Único que debe ser honrado.

Capítulo 6
- Hijos de mi Diestra -

*(El evangelio de los laberintos,...
viviendo en un mundo que Dios no creó).*

Se justifica lo que hacemos porque, además de estar aprobado por Dios, es una verdadera asignación generacional. El evangelio, por definición, es una buena noticia que contrarresta una mala noticia. Pero el evangelio de los laberintos, te hace vivir en un mundo que Dios no creó.

No es el anuncio de una ideología.

La Escritura es clara:

"trasladados al Reino de su amado Hijo".

Colosenses 1:13 (b)

Dios está edificando su reino y su reino es evidente en Naciones que nacen de Dios.

Este tipo de nacimiento se produjo en la Nación que prometió Dios a Abraham, pero hubo más de mil años que esta nación, por negligencia, no tuvo presencia.

Te has preguntado: ¿En qué tiempo de la Historia estamos viviendo? ¿Te expresas de manera correcta en este tiempo?

La Biblia, muchas veces, marca tiempos donde las generaciones se expresaban.

Hay obstáculos muy severos pero es de destacar que para poder avanzar correctamente, debes confrontar para ver bajo que mentalidad estás viviendo.

¿O tienes mente de "LABERINTO" o por el contrario tienes la mente con el entendimiento que da Dios?

***Mentalidad de Laberinto:** te expone solo al día a día, una rutina que asfixia, que solo expresa y resulta en el desarrollo de "enanos espirituales" que tienen que transitar un mundo complejo, lleno de hostilidad.

La mente de laberinto está condicionada a una mente que busca la respuesta solo para sobrevivir día a día.

*Mentalidad de Entendimiento: es una mente que vive en la justicia de Dios. Observamos este tipo de mentalidad cuando se entiende y se quiere vivir en el Proyecto de Dios.

Dios tiene un propósito. Me permito llamar a esta acción divina: ¡un Proyecto!

Cuando Dios permitió que naciéramos sopló vida en nosotros. Es determinante conocer y apreciar que solo Dios sopla vida en aquello que *está incluido* en su proyecto.

No nacimos por voluntad humana.

> *"los cuales no son engendrados de sangre, ni de voluntad de carne, ni de voluntad de varón, sino de Dios"*
>
> **Juan 1:13**

Ese ALIENTO de vida, ese engendramiento, no incluía una vida familiar, sino que se trata de una vida dentro de su Proyecto.

El hombre no es el fin del proyecto pero Dios lo creó, como parte de "SU" proyecto.

El evangelio es entender, para poder valorar, que si Dios te dio vida es porque eres parte del Proyecto y no el fin del Proyecto.

El fin del Proyecto era que Dios tuviese un pueblo, una nación determinada como elemento corporativo que excedía al individuo.

La Familia no fue creada para usted. Usted fue creado para posicionar a la familia en el Proyecto de Dios.

Usted no fue creado para que la Iglesia haga algo por su vida, usted fue creado para ser miembro de la Iglesia.

Aun el matrimonio, no fue creado para que usted sea feliz, fue diseñado para hacer feliz a su pareja.

Esto es el entendimiento de Dios, es la virtud de pertenecer al Proyecto Divino pero el cinismo y la tragedia del laberinto es que constantemente quiere mantenerte lejos de esta verdad.

¿Cómo salir de ese perverso sistema?

Se revierte la mente de "laberinto" cuando la mente se conecta a la identidad de Dios, para vivir en la plenitud del entendimiento de Dios y no en la oscuridad del sistema del laberinto.

Las mentes de laberinto crean y desarrollan una vida miserable, de víctima ante los procesos que debemos enfrentar. Esa línea de pensamiento te elimina antes de comenzar.

Debemos abandonar el laberinto para acercarnos al pleno entendimiento de Dios. Es verdad que aún en la penumbra del laberinto tienes un Dios grande, pero tu propia mente no permite que entre en ti la libertad espiritual que Dios propone.

Al decidir buscar tener un **mentalidad de entendimiento** no solo saldrás del laberinto, sino que aun evitará entrar a uno nuevo, porque hará que tu vida sea fructífera y de avance para entender la plenitud de la

Justicia de Dios sobre los justos que componen la Iglesia. Veamos la Escritura.

> *"Porque como por la desobediencia de un hombre los muchos fueron* **constituidos** *pecadores, así por la* **obediencia de uno** *los muchos serán* **constituidos** *justos."*
> **Romanos 5:19** *(destacados del autor)*

Una de las palabras claves del verso es "constituidos". Este texto habla de "declarados" u "ordenados para". Lo realizado por Cristo en la cruz fue para ordenarnos en la posición correcta.

Aunque parezca demasiado simple recordarlo, pero todo comienzo tiene un principio.

> *"¿Qué, pues, diremos que halló Abraham nuestro padre según la carne?*
> *¿Qué si Abraham fue justificado por la obras, tiene de que gloriarse; mas no para con Dios.*
> *Porque ¿qué dice la Escritura?*
> **Y creyó Abraham a Dios, y le fue atribuido a justicia.**"
> **Romanos 4:1-3** *(destacados del autor)*

¿Qué fue lo que creyó Abraham?

El creyó lo que vio desde el entendimiento de Dios y no su limitación ni de sus carencias, ya que la misma escritura dice que creyó Esperanza contra Esperanza.

Es allí donde la Fe de Dios nace.

¿Cómo? ¿Cuándo?

Nace desde el entendimiento del Proyecto de Dios para el ser humano.

Hijos de mi Diestra | Capítulo 6

El Justo, Cristo, para justificarnos, para sacarnos de unas obras que son producto de mentes esclavizadas dentro del laberinto, obras que se categorizan como obras muertas. Obras cargadas de frustración y limitaciones que nada pueden hacer para posicionarnos correctamente en el Proyecto de Dios.

Pero todavía hay buenas noticias, más allá de las tragedias del laberinto, hay otras obras que existen de antemano; obras que vienen y están incorporadas en Jesús, el HIJO. Estas obras son las que nos llevan a ser posicionados como hijos de Su Diestra.

Es en este punto, donde la Escritura enseña que "el justo por la Fe vivirá", al tomar vida en nosotros esta declaración de Dios, reconocemos que somos colocados en una postura de ventaja sobre toda circunstancia.

Todavía hay más para ver.

> *"Porque los ojos del Señor están sobre los justos, y sus oídos atentos a sus oraciones."*
>
> **Pedro 3:12**

Aquí dice que "sus ojos están sobre los justos"; no sobre los cristianos ni sobre los que están en actividades.

La palabra "Justo" se traduce también en sal y luz. Son diferentes palabras pero con la misma sustancia.

Vivir una vida justa implica ser Luz y sal. La luz y la sal son elementos que preservan.

Ser una casa de justicia implica ser una casa institucionalizada, casas habitadas por personas justas.

Veamos el ejemplo de Cornelio, un centurión romano.

> *"Y había un varón en Cesarea llamado Cornelio,*

> *centurión de la compañía que se llamaba la Italiana, piadoso*
> *y temeroso de Dios con toda su casa,*
> *y que hacía muchas limosnas al pueblo,*
> *y oraba a Dios siempre."*

Hechos 10:1-2

La palabra piadoso implica ser justo. Lo que hacía Cornelio no eran solo actitudes domésticas.

Era reconocido más allá de su pueblo.

Estos hombres tenían justicia porque estaban conectados con la Palabra escrita, ya que esta, gobernaba sus vidas.

El justo no solo fue perdonado por Dios sino que vivía una vida apuntalada en Dios. En Cornelio era evidente el testimonio que tenía en "toda la nación."

Dios movilizó ángeles, apóstoles, personas para que la casa de un Justo fuera asistida con la Palabra de Dios.

Este es el efecto de la justicia en el justo.

Dios moviliza el cielo a favor de los que hemos heredado salvación.

Esto hace que nuestro vocabulario cambie, porque se santifica cuando vamos incorporando la Palabra de Dios.

Para comenzar a edificar generaciones se necesita gente que entienda altos niveles de justicia y por eso no puede estar condenada a vivir en la confusión del Laberinto.

Esto se trata de que los recursos mantengan el ritmo de esta edificación. Por esta causa Dios nos deja la Escritura y le dice a Moisés que escriba.

Recuerde que fuimos creados en diseño, —el hombre— fue creado inocente. No tenía capacidad de decir "esto está bien, esto está mal".

El pecado lo degradó: de inocencia a conciencia.

De la conciencia a ser encarcelado en un laberinto por los mandatos o caprichos de un hombre.

Recuerda, Dios gobernaba, no en el hombre, sino a través de él.

Los hombres leían la Palabra para entender la degradación del hombre.

"Por causa de la maldad el amor de muchos se enfriará". Ante esta realidad que observamos todos los días, debemos decidir de qué lado estamos: De la decadencia permanente o de la ascendencia permanente.

Cuando leemos, aprendemos de la naturaleza de decadencia y de la manera de superar esto es entrando en la ascendencia.

Esta es una determinación de la Fe: Aumentar la vida de Cristo en nosotros.

Cuando en los creyentes la decadencia, la desidia, la despreocupación, el desinterés por la vida del reino de Dios, se produce la resignación a vivir atrapados en laberintos, es aquí donde tenemos el comienzo trágico para explicar la decadencia social y moral que nos rodea.

Decadencia que aun vemos marcada y podríamos decir "resaltada" en muchas páginas de la Biblia.

Para poder entender el mensaje redentor en la Escritura debemos verlo desde el entendimiento de Dios y no desde la interpretación del hombre.

Esto te lleva a ver que en el libro de **Génesis** se manejó una Decadencia.

En **Éxodo** se quita el pecado.

En **Levítico** vemos la ley de Dios y si camino en esa ley mi vida está en Cristo.

Números y **Deuteronomio** nos hablan espiritualmente para estar escondidos en Cristo, nuestra cobertura.

La aplicación espiritual es que vivamos una vida justa, que no tenga roces con los laberintos que se proponen. Por el contrario, nos mantengamos en la firmeza de la promesa divina: vivir como verdaderos Hijos de la Diestra del Padre, en la libertad que Dios nos tiene asignada fuera y lejos de los laberintos.

Capítulo 7

- No hay Pan en el Laberinto, solo Migajas -

Hay un evento durante la estadía de Jesús en la tierra que nos hace entender y nos da luz en cuanto al tema de este capítulo.

> *"Levantándose de allí, se fue a los términos de Tiro y de Sidón; y entrando en casa, quiso que nadie lo supiese; mas no pudo esconderse. Porque una mujer, cuya hija tenía un espíritu inmundo, luego que oyó de él, vino y se echó á sus pies.*
> *Y la mujer era Griega, Sirofenisa de nación; y le rogaba que echase fuera de su hija al demonio.*
> *Mas Jesús le dijo: Deja primero hartarse los hijos, porque no es bien tomar el pan de los hijos y echarlo a los perrillos."*
> **Marcos 7:24-27**

Encontramos riqueza en medio de esta historia. Comencemos por lo siguiente: Jesús es el Pan de Vida.

Jesús les dijo:

> *Yo soy el pan de vida; el que a mí viene, nunca tendrá hambre;*
> **Juan 6: 35 (a)**

Consejo: ¡No te muevas de esta verdad!

Si Jesús ha venido para revelar la verdadera naturaleza del Padre, ¿Sería incongruente que el Salvador tratara a esa mujer de esa manera? Lo que observamos es una revelación maravillosa del pacto de DIOS CON SUS HIJOS.

Note que la mujer era griega y su liberación involucraba que el Maestro debía compartir el pan reservado para los hijos.

Primero, definamos a que se refiere al "Pan de los Hijos". Jesús no estaba hablando de comida física ni mucho menos de lo que son las enseñanzas doctrinales de los judíos. El pan era la expresión completa de la unción de Cristo como el Ungido.

> *"Cómo Dios ungió a Jesús de Nazaret; de Espíritu Santo y de potencia; el cual anduvo haciendo bienes, y sanando a todos los oprimidos del diablo; porque Dios era con él."*
>
> **Hechos 10:38**

Jesús era ese ungido o "Mesías" que se esperaba para traer salvación y redención a su pueblo.

Pero aquí hay mucho que decir y un poco difícil de explicar.

Según la profecía de Daniel, al Mesías se le iba a dar muerte en la semana setenta y dos. Esto estaba profetizado y escrito.

Pero los fariseos y los ancianos de Israel, por décadas, no lo veían así. Ellos pensaban que llegaría un hombre que los librara de la mano opresora de Roma y que al final reinarían sobre todo.

De allí su prepotencia y arrogancia. Ellos "desgastaron" el término "MESIAS" a tal grado que creían que el vendría, aún después de la muerte del "carpintero".

Esas enseñanzas, mal trazadas, por los judíos, aún trascendieron en el tiempo de Jesús; a tal grado que los mismos discípulos de Jesús lo increparon en ello.

Ante estas enseñanzas, aun los discípulos no estuvieron excluidos de ser amenazados por el pensamiento de laberintos.

> *"Entonces los que se habían juntado le preguntaron, diciendo: Señor, ¿**restituirás el reino a Israel** en este tiempo? Y les dijo: No toca a vosotros saber los tiempos o las sazones que el Padre puso en su sola potestad."*
>
> **Hechos 1:6-7** *(Resaltados del autor)*

Los discípulos estaban atravesando "una Puerta Falsa", que quería dar entrada al oscuro laberinto.

Jesús fue categórico: no es el propósito ni la misión a la que vine, parece decirles: "Ustedes han creído mal, por causa de una mala interpretación de quien soy."

Pero, cabe hacernos la pregunta oculta por muchos religiosos: ¿A quién servimos?...¿Es al Mesías o al Rey de Reyes?

Permítame romper otra puerta falsa, que pretende darnos entrada al laberinto:

El Mesías, como enviado, ya cumplió su asignación, su misión, ahora debemos vivir para deleitarnos en el Rey.

Lo explicaré de una manera y con un consejo simple:

Es como una heladería, hay muchos sabores, pero no dejan de ser todos helados, de tener algunas esencias iguales, una fabricación similar o estar en la misma cámara de frío.

Para entender a Jesús, como Mesías, que ya murió, porque fue ungido y enviado para morir, pero también fue ungido para resucitar y REINAR.

Para poder reinar debía morir y ahora regresar como Rey.

Pero si vivimos ahora, esperando un Mesías, sin entender el tiempo de Dios, nos retrasamos, volvemos a esperar a uno, que ya vino y cumplió su misión.

Hay que tener claridad acerca de nuestra esperanza,

vivir lo contrario te ata a un laberinto de expectativa y duda. El Mesías ya vino, esperamos a un Rey, que venció la Muerte y nos libró de toda opresión de los laberintos que todavía se empecinan en querer imponer los religiosos de estos tiempos. Siento la necesidad de advertirte:

Con mentalidad que espera al Mesías no REINARAS jamás. Seguirás esperando a alguien que ya vino, pero no lo reconociste.

Permítame terminar ahora el asunto del "Pan de los Hijos". En el libro de Lucas, capítulo 13, veremos la siguiente Escritura.

> *"Y enseñaba en una sinagoga en sábado.*
> *Y he aquí una mujer que tenía espíritu de enfermedad dieciocho años, y andaba agobiada, que en ninguna manera*
> *se podía enderezar.*
> *Y como Jesús la vio, llamó, y le dijo:*
> *Mujer, libre eres de tu enfermedad.*
> *Y puso las manos sobre ella; y luego se enderezó,*
> *y glorificaba a Dios.*
> *Y respondiendo el príncipe de la sinagoga, enojado de que Jesús hubiese curado en sábado, dijo a la compañía: Seis días hay en que es necesario obrar: en estos, pues, venid y sed curados,*
> *y no en día de sábado.*
> *Entonces el Señor le respondió, y dijo: Hipócrita, cada uno de vosotros ¿no desata en sábado su buey o su asno del pesebre,*
> *y lo lleva a beber?*
> *Y a esta hija de Abraham, que he aquí Satanás la había ligado dieciocho años, ¿no convino desatarla de esta ligadura*
> *en día de sábado?"*
>
> **Lucas 13:10-16**

Comencemos a decir que el tiempo perfecto de un verbo en griego es diferente del tiempo que se usa en el castellano. En griego, en el tiempo perfecto, el énfasis del verbo radica en la condición actual.

En la historia, esta condición actual es el resultado de una acción pasada. A pesar que la acción pasada es traída a la memoria, ese no es el enfoque del verbo. Déjeme usar un ejemplo sencillo.

En castellano decimos: "Yo estoy casado."

Esa afirmación, supone que la ceremonia de matrimonio se llevó a cabo en el pasado, pero el enfoque está en la condición actual. "Yo estoy casado ahora".

Esta es mi condición presente. No es algo que yo espero que ocurra en el futuro.

Esto es una realidad ahora mismo.

En mi caso personal, una ceremonia se llevó a cabo hace 38 años, cuando yo tomé por esposa a Margie.

El tiempo "aoristo" se usaba en el griego para describir el suceso pasado. Sin embargo, nosotros permanecemos casados ahora y solo ocasionalmente recordamos la ceremonia. El enfoque de nuestra vida está en la condición matrimonial en la que nos encontramos.

¿Hacia dónde vamos con todo esto?

Creo que mi explicación es vital para entender los hechos que estamos analizando. Cuando Jesús usó el término: "Mujer eres libre", lo utilizó en el tiempo perfecto.

En otras palabras, Jesús estaba deduciendo que algo había ocurrido antes de esta ocasión. La mujer había sido libre de su enfermedad.

Algunos pueden decir: "Si, pero ella estaba enferma en el momento que Jesús se encontró con ella."

Jesús consideraba que algo se había llevado a cabo, que la había liberado y sanado completamente de su enfermedad, la cual, el mismo Jesús "clasificó" como ¡opresión y esclavitud!

El mismo Jesús utiliza el término: "hija de Abraham." Esa mujer es descendiente o semilla de Abraham y tiene, por lo tanto, derecho a todas las bendiciones y beneficios prometidos y garantizados a Abraham, por haber Dios establecido pacto con el patriarca.

Estas bendiciones no dependen del empeño o las obras que realizara, porque ellas fueron dadas por medio de una promesa.

Es innegable que las bendiciones se reciben por la Fe, tal como la recibió Abraham y él fue contado justo por Dios.

Lo que Jesús, como Mesías (ungido para sanar), en el momento que la mujer fue liberada se parece al momento que Abraham vio el cielo estrellado y Dios le hizo la promesa del pacto.

Es por esa razón que Jesús puede proclamar que la mujer es libre, aun cuando físicamente era incapaz por causa de estar encorvada.

La proclamación de la verdad precede a la apropiación de la bendición del pacto.

Es por esta razón que si se sigue viendo el asunto del Mesías a través de la interpretación del TANAJ (*24 libros sagrados canónicos en el judaísmo*) y no por el entendimiento de Dios, se estará esperando por algo que se declaró desde la eternidad y por falta de remover un "velo", se continuará atado a un pensamiento de laberinto que mantendrá a muchos dando vueltas sin avanzar.

Este desvío, por falta de revelación, solo conducirá a comer migajas.

> *"Respondió ella y le dijo:*
> *Sí, Señor; pero aun los perrillos, debajo de la mesa,*
> *comen de las migajas de los hijos.*
> *Entonces le dijo: Por esta palabra, ve;*
> *el demonio ha salido de tu hija".*
>
> **Marcos 7:28-29**

Tanto en las palabras de la mujer como en las palabras de Jesús, hay una evidente salida para el laberinto que podía plantearse.

Quiero desarrollar más este texto porque hay un tesoro en este relato: Una mujer extranjera movió misericordia del Rey hacia ella. Vayamos por parte.

Primero, esta mujer estaba cansada de vivir un "laberinto". Rompió con todas las formas y los esquemas para acercarse a Jesús de la manera correcta. Ella apeló a lo que Jesús cargaba: ¡Misericordia!

Este tipo de misericordia no es la misma que tú y yo entendemos en un mundo lineal; esto proviene de arriba. La palabra misericordia proviene de un término que no tiene un significado exacto, pero si encierra un concepto. La palabra que se utiliza es la palabra "Kaset" de donde hoy conocemos la palabra "cassette". Se define como algo que tiene contenido.

Este concepto envuelve tres llaves poderosas en el Reino: a) tener corazón generoso, b) tener cuidado de alguien y c) tener lealtad o compromiso con alguien.

Esta dinámica también la experimentó el ciego Bartimeo cuando le dijo a Jesús que tuviera misericordia. Recuerda que este término de misericordia envuelve Pacto. El le dijo a Jesús: "Hijo de David, ten misericordia de mí."

También David operó en esta gracia, cuando siendo

Rey mostró misericordia con Mefiboset, ya que había hecho un pacto con Jonathan, el padre del impedido; es de destacar que la muerte de Jonathan no relevó ni quitó a David de su compromiso. David estaba comprometido para cumplir su parte.

David evidenció misericordia, "kaset", con Mefiboset por amor a su padre Jonathan. David vio a Mefiboset con corazón generoso, tuvo cuidados del desvalido y mostró el compromiso que tenía por amor de su padre.

David hizo tres cosas conforme a "kaset" que alteraron la vida de Mefiboset sacándolo del laberinto. David llevó a Mefiboset a tener posición, posesiones y le restauró su lugar en la mesa del Rey. Solo un Rey puede hacer esto, ya que sus palabras son ley.

De esa manera Bartimeo tocó la fibra del Rey al decirle a Jesús: "Hijo de David." En otras palabras: Vienes de linaje real y tus palabras son orden.

La mujer siro fenicia no estaba lejos de este principio, cuando le habló a Jesús en términos de mesa. Jesús sabía lo que ella estaba hablando y eso la llevó de estar debajo de la mesa a estar en la mesa del Rey, por causa de un Pacto.

La mujer reclamó, la respuesta de Jesús es gloriosa. Una era una especie de derecho a las migajas, la otra fue la promesa del que confía en Jesús será verdaderamente libre; por cuanto apeló a las "misericordias de David". Justamente esa es la mayor oposición a los laberintos que hoy se siguen planteando.

La mujer no se resignó.

Jesús venció a la oscuridad que pretendía abrir, otra vez, la puerta, de otro laberinto.

Recuerda al religioso: *"Y respondiendo el príncipe de la sinagoga,* **enojado** *de que Jesús hubiese curado en sábado..."*,

Del mismo modo siguen operando los que quieren dejarte en los laberintos, no les importa tu sanidad o tu liberación, prefieren verte atrapado, mendigando migajas, que libre y en plenitud para seguir al que dijo:

> *"Así que, si el Hijo los libera, serán ustedes **verdaderamente libres**".*
>
> ***Juan 8:36***

No te acostumbres a las migajas que se sirven en los laberintos de la religión, busca el pan eterno de Jesucristo.

Capítulo 8
- La vida Fuera del Laberinto -

La vida Fuera del Laberinto | Capítulo 8

Uno de los grandes engaños de la vida, es hacerte vivir en el laberinto, que mantiene a la gente fuera de lo que es experimentar una vida próspera y asentada en la dignidad.

La pobreza es una de las maldiciones más grandes que ha descendido sobre la raza humana a través del pecado de Adán, pero lo que ha hecho que se atrinchere y se afirme aún más la escasez y la pobreza, en todo el mundo, es cuando se relaciona, se vincula o se la impone a través de la religión.

Mientras crecía en los distintos aspectos espirituales pude observar cómo, de formas muy variadas, se exaltaba la miseria y las carencias, hasta casi llevarla como una extraña virtud. Tan fuerte era ese permanente enunciado, que crecí creyendo que una persona espiritual debía ser pobre, necesitada, esperando dadivas, inevitablemente cubierta de fracasos, derrotas e indigencias.

También era evidente, en los círculos religiosos, sospechar de cualquiera que tuviera riquezas.

Se nos enseñó, con particular énfasis, que el dinero era la raíz de todos los males; si bien es cierto que la Escritura se refiere a este asunto, en la carta a Timoteo, no se le da la centralidad reiterativa que parecía tener esta porción bíblica.

Por el contrario, aquellas referencias de las Escrituras que parecían implicar o solo insinuar riqueza material, eran rápidamente catalogadas como referencias sólo a riquezas espirituales.

Una de las más grandes distorsiones con la cual crecí, era que ser como Jesús, era ser pobre.

Esa mentira ha sido repetida hasta la saciedad para

hacer que algunos, que son bendecidos materialmente, se sientan menos espirituales y por la presión religiosa que le ejercen, tratan de ocultar su bendición.

Miremos unos de los fundamentos en la Escritura que habla de la prosperidad.

> *"Porque ya sabéis la gracia de nuestro Señor Jesucristo, que por amor de vosotros se hizo pobre, siendo rico; para que vosotros con su pobreza fueseis enriquecidos."*
>
> **1Corintios 8:9**

La palabra "pobre" implica una verdad desde la base de su significado en hebreo que habla de despojo y no de una condición de mendigo, como lo expresa la palabra en griego.

Nuestro enfoque no debe ser en "su pobreza" sino en nuestra riqueza. El Señor ha sido restaurado en gloria y riqueza que tenía con el Padre, con un honor mucho más alto que el que anteriormente tuvo.

Debido a que somos la simiente de Abraham, tenemos el mismo llamado en el pacto, que le fue dado a Abraham.

> *"Y haré de ti una nación grande, y bendecirte he, y engrandeceré tu nombre, y serás bendición: Y bendeciré a los que te bendijeren, y a los que te maldijeren maldeciré: y serán benditas en ti todas las familias de la tierra."*
>
> **Génesis 12:2-3**

Dios reconoce que, con el fin de poder bendecir a otros, primero usted necesita estar bendecido. Por lo tanto, Él le promete todos los recursos que se necesitan para ser de bendición.

Todavía no puedo explicarme como es que hay algunos "energúmenos religiosos" que solo piensan que la prosperidad no es de Dios. No es menos escandaloso aquellos que utilizan el tiempo para tratar de convencer a la gente que dé más, que se desprenda de lo material, en el tiempo de tomar las ofrendas en los servicios.

Es triste observar como pululan ciertos personajes dando un mensaje para tocar las emociones de la gente y se engañan pensando que la gente dará más.

Por otra parte están los que inventan fiestas de primicias, de siembras especiales al principio del año, para poder balancear el presupuesto del ministerio.

Estas prácticas no tienen otra motivación que el de asegurarse que pueden llegar a fin de año, ya que seguramente experimentan el poco fluir de dinero durante los meses de verano o de los días de riguroso invierno. ¡Qué triste desgaste y manipulación!

No sé si llamarlos prósperos, pobres espirituales, o "saqueadores" del Reino.

Este tipo de escenario es el que se crea con el "evangelio de los Laberintos". Un sube y baja espiritual que hace que cada elegido, viva en miseria, experimentando la pobreza cada día.

Dentro de este laberinto nunca experimentarás Libertad Financiera.

Uno de los personajes bíblicos que vivía dentro de un bloqueo mental y con mente de laberinto, fue el hermano mayor del hijo pródigo. El padre en medio de la confrontación le dijo:

"Hijo, tú siempre estás conmigo, y todas mis cosas son tuyas."
Lucas 15:31

Este hijo, vivía una vida por "intercambio".

Me explico mejor: Según sus obras, él pensaba que iba a recibir. No entendía que lo que había en la casa le correspondía por pacto.

De la misma manera, muchos son incapaces de recibir lo que legítimamente es de ellos, gracias al pacto divino. ¿Por qué no se recibe?

Por causa de la mentalidad de laberinto, que lleva a pensar como esclavo, atado a las formas religiosas y encadenado a verdaderas prisiones que operan para apagar la libertad a la cual los hijos de Dios han sido llamados.

En el Antiguo Testamento se ilustra esta situación más ampliamente a través de la historia de un personaje llamado Mefi-boset.

Era hijo de Jonatán y nieto del rey Saúl.

Como había un pacto establecido entre David y Jonatán, Mefi-boset era heredero de las promesas del pacto hecho por su padre con su amigo David.

Llegó un día que David llama a Mefi-boset a su palacio, para dar cumplimiento con su obligación, conforme al pacto hecho con Jonatán.

> *"No tengas temor, porque yo a la verdad haré contigo misericordia por amor de Jonathán tu padre, y te haré volver todas las tierras de Saúl tu padre;*
>
> *y tú comerás siempre pan a mi mesa."*
>
> **Samuel 9:7**

Hay un paralelismo entre la historia de David y la del padre del hermano del hijo pródigo ante la confrontación con su hijo. Ambas historias resaltan la promesa de herencia, de posición y posesiones.

David le devuelve a Mefi-boset todas las tierras que le pertenecía a su abuelo.

> *"Y le dijo David: No tengas temor, porque yo a la verdad haré contigo misericordia por amor de Jonatán tu padre, y te devolveré todas las tierras de Saúl tu padre; y tú comerás siempre a mi mesa."*
> **2 Samuel 9:7**

Y el padre amoroso le dice al hijo: "y todas mis cosas son tuyas."

Solo fuera del laberinto podrás vivir esta vida de herencia, posición y posesión, porque fuera del laberinto está la verdadera restitución de lo que ya se te había asignado.

Vivir o permanecer en el laberinto te hará mantener una conducta de que no eres merecedor de todo lo que el Padre te ha otorgado, por ende te lleva a obrar, a presentar esfuerzo como logro, para que a través de la obra que exhibes, te sientas digno.

Vivir fuera del laberinto era inadmisible para los religiosos, esta dinámica de libertad era la que los fariseos odiaban. Empujaban al laberinto. No podían entender como Dios Padre podía bendecir, sin las obras de la ley, a aquellos que ni aún eran judíos.

Esto se debe al pacto y a la dignidad que Dios nos otorga como hijos.

Además de amarnos, Dios nos ha dado dignidad. Cuando Dios ama no pone condiciones.

Honramos a Dios cuando vivimos a la altura de Su Dignidad. Le honramos llevando la vida digna que Él mismo nos ha dado.

Cuando Dios estima, posiciona un Estilo de Vida.

A la dignidad se le llama Gloria de Dios.

La estima que Dios nos ha dado, tiene que ver con nuestra calidad de vida. No solo fuimos hechos hijos de Dios sino que esa hechura tiene un grado de dignidad y honor para poder vivir en nuestra estadía en la tierra a y en la altura, que Él nos ha otorgado.

En este contexto la Dignidad es igual a "Ser fuerte contra".

Hay dignidad, otorgada por Dios, que debe hacernos fuertes. De aquí es desde donde se origina la palabra en griego **"Katiscuo"**, que significa "ser fuerte" contra aquello que me quiere hacer vivir por debajo de la Dignidad que Dios nos ha dado.

Otra palabra que se conecta con este concepto lo es **"ARQUE"**: Principio gobernante; principado.

La Escritura habla de *"Ángeles que perdieron su dignidad" Juan 1:6* – (fueron los que no guardaron su ARQUE). De esta palabra deriva la palabra arquitectos.

La Dignidad es lo que espera Dios de los hijos en la Tierra.

Esta dignidad que se nos ha otorgado demanda una posición fuerte para ir contra aquello que va en contra de esta dignidad. Vivir por debajo de esta verdadera virtud del cielo hacia nosotros es una forma de desobediencia.

Es por eso que mucho de lo que está construido en el mundo quiere ir contra tu dignidad.

En el mundo -básicamente podríamos afirmar- no está en riesgo la salvación, pero si hay una conspiración permanente contra la dignidad que la salvación me da.

Como hijos debemos operar en un diseño Arquitectónico, que es un diseño de Dios, lo que genera una verdadera guerra de Arquitectos, quien demuestra el poder que dice tener.

Nuestra vida debe vivirse a la altura de esa dignidad y los "laberintos" te atrapan de tal manera que no puedes expresar la vida que Dios ha colocado en ti.

Debemos enfrentar con este **"ARQUE"** los temores que se han levantado en este tiempo. Puedo afirmar que debo tener una FE arquitectónica, es una fe que siempre se encamine al diseño y a la intención de Dios.

En contrario, a lo que es vivir en la arquitectura de Dios, se produce la incertidumbre de vida que existe en el laberinto el cual crea el temor y desazón. El laberinto perturba, desestabiliza, conspira contra tu desarrollo personal y colectivo.

El temor se está quedando con la dignidad de los hijos. Se ha llegado a una vida cristiana de supervivencia, subsistiendo "a cuenta gotas espirituales", ya que mucha gente camina sin saber qué hacer o hacia dónde dirigir sus pasos cada día. Es evidente que se torna necesaria la oración de David:

> *"Hazme saber el camino por donde ande, porque a ti he elevado mi alma."*
>
> ***Salmos 143:8 (b)***

El apóstol Pablo exhorta a su hijo Timoteo en términos de soldado. Para Pablo, un soldado es uno que reduce los niveles de temor.

> *"Tú pues, sufre trabajos como fiel soldado de Jesucristo. Ninguno que milita se enreda en los negocios de la vida; a fin de agradar a aquel que lo tomó por soldado."*
>
> ***2Timoteo. 2:3-***

Hay que terminar con los enemigos ocultos dentro de los laberintos religiosos que quedan operando dentro de los sentidos que carcomen la vida de los santos, para no permitir avanzar en la Dignidad que ha dado Dios.

EL LABERINTO ES ENEMIGO DE LA GRACIA DIVINA.

Cuando el hijo (el pródigo) volvió a la casa del padre; este no solo lo abrazó con amor "agape", sino que al reunirse con el que regresaba le fue devuelta la dignidad que había perdido.

Al Padre no se le honra por ser HIJOS; se le honra cuando vivimos en la plenitud de la Dignidad que el Padre nos ha dado.

> *"En esto es perfecto el amor con nosotros, para que tengamos confianza en el día del juicio; pues como él es, así somos nosotros en este mundo.*
> *En amor no hay temor; mas el perfecto amor echa fuera el temor: porque el temor tiene pena. De donde el que teme, no está perfecto en el amor."*
>
> ***1Juan 4:17-18***

Este es el amor perfecto de Dios. En el amor no hay TEMOR. En todo temor se esconde un amor imperfecto, que no da seguridad porque tiene resquicios de desconfianza. La presencia de temores es ausencia de amor eterno.

> *"Porque no habéis recibido el espíritu de esclavitud para estar otra vez en temor; mas habéis recibido el espíritu de adopción, por el cual clamamos, Abba, Padre."*
>
> ***Romanos 8:15***

Vivir en el Laberinto genera un espíritu de esclavitud, produce temor porque te lleva fuera de la dignidad de hijo, vives allí, pero eres un extraño, expulsado de lo que el Padre ha puesto sobre ti.

Lo contrario es dejarse ser impactado por el amor de Dios. Este amor es amor **"AGAPE"** – es una acción puntual. No es algo que se inventa ya que se ha conectado a lo puro de Dios.

El laberinto religioso quiere impedir esa conexión a lo perfecto y no escatima esfuerzo para engendrar una verdadera bomba de temores que quieren anular el vínculo con la dignidad divina.

Hemos disfrutado la "Filiación" del Padre hacia nosotros. Pero es tiempo de disfrutar su Dignidad.

Hijos deben creer que hay un nivel de Dignidad y esa bendición se vive fuera del laberinto religioso.

El diseño Apostólico no es hablar de las revelaciones o filosofías o modas nuevas que aparecen como hierva mala después de la lluvia; sino que es orar para que Dios le revele lo profundo, lo ancho...del Amor de Dios.

> *"Por esta causa doblo mis rodillas ante el Padre de nuestro Señor Jesucristo, de quien toma nombre toda familia en los cielos y en la tierra, para que os dé, conforme a las riquezas de su gloria, el ser fortalecidos con poder en el hombre interior por su Espíritu; para*

> *que habite Cristo por la fe en vuestros corazones, a fin de que, arraigados y cimentados en amor, seáis plenamente capaces de comprender con todos los* **santos cuál sea la anchura, la longitud, la profundidad y la altura, y de conocer el amor de Cristo, que excede a todo conocimiento, para que seáis llenos de toda la plenitud de Dios.**
>
> *Efesios 3:14-19 (resaltado del autor)*

¡Esto es Dignidad!

Donde no hay temor, hay Dignidad de hijo de Dios.

La buena noticia está dada, pero NO hay Buena Noticia sino hay un contraste con una mala.

La mala noticia es lo que ya pasó; la buena es lo que está **pasando** y lo que **va** a suceder cuando apreciemos, verdaderamente, lo que es vivir fuera de los laberintos.

Como creyentes no ignoramos el pasado, somos de aquellos que lo resuelven en Cristo.

No somos de aquellos que miramos lo que pasó como tragedia, sino que lo enfrentamos con esperanza.

Cristo, en la Cruz, solucionó todos los problemas del hombre en una forma eterna.

Nosotros transformamos esta verdad en forma de Redención y Regeneración.

Tenga esto claro: Salvación viene de nuestro Dios. No podemos colaborar en ella.

Lo que podemos hacer es cooperar en la REGENERACION de nuestra vida.

REGENERAR es "Regenetizar" los genes que portamos de nuestros padres, o sea es volver a generar vida espiritual.

Es regeneración de toda la información genética que traemos en nuestra vida, que estará siempre inclinándonos a una tendencia oscura; operando en nuestro cuerpo un ADN que se ha encargado de traernos en malas reuniones desde que fuimos engendrados en el vientre de nuestra madre.

Estas reuniones compiten con el amor de DIOS.

Hay reuniones basadas en conceptos humanos de amor pero que no son basadas en el amor de Dios.

Esto fue resultado del amor **FILIAL** o el **ASTORGO** que tiene que ver con la Amistad.

Fuimos diseñados para que el Amor de Dios nos abrazara antes de que fuéramos engendrados en el vientre. Fuimos expuestos a Reuniones "de vientre", de familia, de amigos, que alteraron e influyeron sobre y en la genética de la que fuimos creados: **¡HIJOS DIGNOS!**

Es por eso que Dios lleva a Abraham en un Pacto, basado en su amor, ya que la información genética que traemos tiene como objetivo dinamitar y maltratar nuestra vida.

El PACTO garantiza la Dignidad que se nos ha dado.

Ha habido un ataque arquitectónico contra nuestra genética. Introduciendo temores, y es por causa de la ausencia del amor de Dios.

Dios nos amó primero y abrió lo que tenía que abrir.

La Vida que Dios nos da viene con Diseño de Dignidad y la vida de los hombres con patrones de indignidad.

<u>Definamos los patrones que nos detienen:</u> son aquellos puntos internos donde giramos, damos vueltas y vueltas sobre un eje, y nuestra vida no crece.

Hay que identificar que la mente del hombre ha sido surcada con "arados de temor".

Involuntaria o inconsciente no se entendió el amor de Dios.

Pablo hace un impresionante diagnóstico a Timoteo del mundo que vive, que también es un fiel reflejo de lo que vivimos hoy:

> *"Hombres amadores de sí mismos,... avaros,... soberbios,... implacable,...crueles,...traidores,...corruptos,...amadores de deleites,... malos hombres,...*
>
> *(2 Tim.2:3-8)*

Pablo exhorta a Timoteo para contrarrestar todo el desastre moral que describía:

> *"Pero tú se sobrio en todo, soporta las aflicciones, haz obra de **evangelista**, cumple tu ministerio."*
>
> ***2 Timoteo 4:5*** *(resaltado del autor)*

¿Por qué le escribe para que haga "obra de evangelista"?, que es una de las cinco Gracias Operativas del Ministerio de la Edificación, ya que su área y su función primordial es imprimir **ADN** sin ser alterada.

La obra de evangelista opera y se desarrolla en la vida congregacional. ¿Quiénes la ejercen? Los que han mostrado que la doctrina está en forma genética en ellos.

Los desobedientes *"nunca"* nacieron.

Es por eso que hay Pastores que dicen: "la Iglesia me está matando", posiblemente se debe a que ellos no fueron creados para tratar a personas desobedientes.

Hay "Surcos" dañinos que se fueron formando con las reuniones. Están escondidos en forma de temores. Hay muchas personas dañadas que no se han podido reconciliar, en sus vidas, con la Dignidad de Dios.

Padres que dejaron a sus hijos. Declararon palabras de maldición sobre su descendencia, dañaron el Grado de Honor que Glorifica a Dios, mediante el temor que produjeron en esos hijos maldecidos.

El ejemplo de Gedeón es uno de esos que hay que entenderlo a través de la dignidad de hijos.

Dios le entregó la victoria a Gedeón, pero solo debía garantizar que la gente que lo seguía no tuviera temor. Dios entrega bendiciones y victorias a aquellos que le dan honra como hijos con Dignidad porque siempre la honra, prepara camino al hijo.

Cuando el temor se va, la Dignidad te estará esperando en tu próxima decisión.

Los "Dignos" fijan domicilio que el mismo Hijo, Cristo, fijó en la Cruz.

Hoy debemos "regenetizar" nuestra vida para así poder vivir en la Dignidad de Jesús, el HIJO.

No ignores que tus temores fueron, "arquitectónicamente", pensados en los laberintos de oscuridad, por eso te quieren llevar allí, porque ese laberinto finalmente se transforma en cárcel que ahoga y anula toda esperanza de verdadero cambio para devolverte la Dignidad que las tinieblas quieren ocultar.

Recuerda: la dignidad es invalorable porque está

fundamentada en que fuimos creados a imagen y semejanza de Dios y haber sido reconciliados por el Hijo nuestro Señor.

> *Adórnate ahora de majestad y dignidad, y vístete de gloria y de esplendor.*
>
> *Job 40:10 (LBLA)*

Recuerda: Dios te ha cubierto con su Dignidad pero solo se aprecia y se vive, fuera de los límites de los laberintos.

Capítulo 9

Quitando los Velos
(Que te atan a los laberintos)

Es necesario revisar la diferencia entre lo importante y lo primero, porque estas definiciones no compiten entre sí. No hay enemistad entre lo importante y lo primero.

Cuando algo va primero no necesariamente es lo más importante. Cuando nos referimos al propósito eterno de Dios en relación a las Escrituras nos referimos que el conocimiento de las ESCRITURAS DEBEN IR PRIMERO. Cuando digo primero, debo darle una posición. Que lo escrito sea algo importante para el que comienza a ser disciplinado/discipulado.

Observamos como se violentan las Escrituras cuando se exponen en el desarrollo saludable de la persona.

Ubicar todo en la justa perspectiva nos lleva a evitar que los jóvenes de la fe, de esta generación, operen solo escrituralmente. Puede suceder que esto provoque que el oyente crea más al comunicador que a lo incorporado.

Al citar, muchas veces, se pierde el orden cronológico. No tan solo se trata de presentar un texto bíblico, sino de entenderlo dentro del panorama de las Escrituras.

Nuestro crecimiento y desarrollo en la fe está ligado al entendimiento de las Escrituras.

> *"Desde tu niñez conoces las Sagradas Escrituras, que* ***pueden darte la sabiduría necesaria para la salvación mediante la fe en Cristo Jesús".***
>
> ***2 Timoteo 3:15*** *(resaltados del autor)*

Recuerda que la Biblia fue escrita para nuestro beneficio y no para nuestra veneración.

La Biblia es un compendio de libros inspirados por Dios; y tiene como objetivo mostrarnos el propósito eterno de Dios.

La Biblia tiene y brinda un entendimiento escritural del propósito eterno, pero ella, en sí misma no es el propósito eterno.

La Biblia está allí para mantenernos en el entendimiento correcto y corregido de nuestra fe.

La Biblia no está allí para despertar en si misma nuestra devoción, sino para mantener nuestra gestión profética y nuestra conexión permanente a los propósitos del Eterno Dios.

Son palabras determinantes para nuestro crecimiento. Yo les llamo **Palabras Coyunturales**; palabras que existen en y para hechos o acontecimientos puntuales; NO MENOS IMPORTANTES.

La Palabra Biblia, nos ayuda a conectar correctamente.

Antiguo Testamento: Tiene que ver con lo de abajo, el cimiento donde comenzar. Para tener sentido de ubicación, deberíamos llamarlo Primer pacto.

Nuevo Testamento: es el segundo pacto - VIENE DE ARRIBA. Es fundamental que un discípulo sepa definir lo que es el Pacto.

Sabemos que la Biblia tiene verdad eterna pero también verdades históricas, así como la verdad presente de Dios. Cuando nos conectamos a este entendimiento, trazamos correctamente el propósito de las Escrituras.

Es clave tener entendimiento del propósito, ya que el entendimiento no es mera información adquirida sino tiene que ver en comprender algo de manera más global; en un sentido más amplio que encausa todo.

La permanente búsqueda de la compresión del mensaje, siempre vigente de Dios, tiene que ver con algo mayor, que no se detiene, que tiene la virtud de una permanente actualidad.

Encontramos a través de esta búsqueda de conocimiento, la Sana Doctrina, que no es un compendio de dogmas, sino una verdadera experiencia de vida.

El propósito eterno debe ser mirado como las intenciones de Dios, antes de que fuese el tiempo.

Es por eso que el propósito Eterno tiene su origen en la voluntad de Dios y en su amor. El objetivo de este propósito es darse a conocer por medio de su Hijo, Jesucristo.

Para este propósito eterno las cosas fueron creadas. Hoy esa expresión es el Hijo en los hijos y la manifestación de su Iglesia.

Su resultado: Que el Hijo sea en todo; reconocido en todo.

Aquí radica la importancia de relacionarnos con las Escrituras para ver este propósito eterno.

Cuando nos sumergimos en la *revelación del propósito*, es cuando conocemos profundamente cómo vamos a operar y desarrollarnos en ello.

Se necesita que se corra el velo y así oír a Dios.

Vemos que el pecado no afecta el propósito eterno y que solo afecta al ser humano.

Ciertamente anunciaré el decreto; del Señor que me dijo: Mi hijo eres tú;

Salmos 2:7 (a) (B. de la A.)

Otra versión señala: *"Publicaré mi Decreto"*. Dios tiene un decreto. Luego declara: *"Mi hijo eres Tú."* Con esta declaración se cae un velo, un muro se derriba porque "dentro" de ese HIJO estamos todos nosotros. Allí está el propósito eterno.

Al propósito eterno se le llama también: "Consejo De Dios".

El apóstol Pablo habló de haber expresado todo el consejo de Dios. No se refiere a todo lo que dice la Biblia.

Lo que debe absorber nuestra vida es el propósito eterno.

Jesús lo llamó: *"Los Negocios de Mi Padre"*, o la *"Voluntad del Padre"*.

La voluntad de Dios no es una acción humana aplicando esta verdad, sino que es la acción eterna de Dios reproducida por una acción humana.

Servir en este propósito repercutirá en que los recursos serán añadidos para el andar en pos de la meta asignada por el Señor.

Cuando hablamos de Tierra de acuerdo al Propósito, se refiere a la Única tierra que Dios quería mostrar que es la Tierra de su HIJO.

Dentro del propósito hay un Plan eterno que tiene distintos tiempos y formas de concretarse.

Si yo hago planes sin conocer el Plan de Dios, de acuerdo al Diseño, se viviría un desvío y, posiblemente, repleto de frustración y dolor.

Juan, el bautista, vino a preparar ese camino.

Dios no bendice ningún plan humano; basado en deseos personales o anti Cristo.

Aunque nos suena un poco extraño, Dios no bendice todo plan humano que se le presente, porque lo que realmente bendijo desde antes de la fundación del mundo fue su plan de mostrar al HIJO. Todos los planes tienen que llegar "Al UNIGENITO".

¿Te imaginas todo lo que el hombre ha edificado entre doctrinas, interpretaciones, revelaciones y conceptos, que han hecho que el Cuerpo se apartara del Propósito Eterno?

Esto ha creado velos, barreras, laberintos, que mantienen lejos e inefectivos a muchos.

La ignorancia no es solo falta de información sino que puede generar a partir de tener la información equivocada.

Por causa de tratar de manejar la ignorancia, incorrectamente, el hombre se ha envuelto en adquirir conocimientos, aspectos y conceptos que no tienen nada que ver con el Propósito Eterno.

> *"Pero los sentidos de ellos **se embotaron**; porque hasta el día de hoy les queda el mismo velo no descubierto en la lección del antiguo testamento, el cual por Cristo es quitado.*
> *Y aun hasta el día de hoy, cuando Moisés es leído, el **velo está puesto sobre el corazón de ellos.***
> *Mas cuando se convirtieren al Señor, **el velo se quitará**."*
> *__2Corintios. 3:14-16__ (resaltado del autor)*

> *"Porque esta es la voluntad de Dios; que haciendo bien, hagáis callar la **ignorancia de los hombres vanos**."*
> *__1 Pedro 2:15__ (resaltado del autor)*

A estos hombres se les categoriza como "vanos". Esta palabra tiene el significado de una persona egoísta, temeraria e imprudente, amadores de sí mismos.

Pero la vida del Espíritu es el único antídoto que hace

callar este veneno llamado "ignorancia", lo que muchas veces se traduce como una verdadera manipulación de los ignorantes por parte de hombres vanos.

¿Cuál es la estrategia a seguir? Primero miremos con que contamos: ¡Se nos ha dado el evangelio por el Espíritu Santo!

Mientras más rápido desplacemos las tinieblas, más el espíritu de vida se manifestará en nuestras vidas.

La principal causa de los deseos incorrectos, es la IGNORANCIA.

> *"Como hijos obedientes, no conformándoos con los deseos que antes teníais estando en vuestra ignorancia."*
>
> ***1 Pedro 1:14***

El apóstol Pedro estaba dándole un contundente golpe a la ignorancia, al declarar sobre la Gracia que había de manifestarse.

> *"Acerca de esta salvación, los profetas que profetizaron de la gracia que había de venir a vosotros, han inquirido y diligentemente buscado."*
>
> ***1Pedro 1:10***

Los profetas conocían que venía una Gracia pero no habían identificado los destinatarios. El secreto de estado de estos hombres era que ellos querían conocer la Gracia. Querían saber quién era el destinario, preciso, del resultado de sus sacrificios.

Los hombres del Antiguo Pacto estaban vestidos de personajes, pero su intención era conocer la gracia. Hasta que Dios le dijo.....Esto no es para ustedes.

**Hemos nacido para manifestar
lo que otros han deseado.**

Si sabemos más de los hombres de la historia y no de la esencia misma de la historia, hay un problema.

Debemos identificar a los conductores de la Ignorancia, los verdaderos potenciadores de la falta de conocimientos, los que condicionan el crecimiento del hombre y su acercamiento a los planes del Eterno: La droga, las distintas violencias que vemos ejercidas de unos contra otros, el legalismo, la religión, los laberintos religiosos.

Advierto, con total convicción, que cuando retrocede la ignorancia, avanza la plenitud de la generación de Cristo.

En el Antiguo Testamento, mucho procedía o era manufacturado. La obra era lenta, por causa de depender de los sacrificios y las formas. Esto cubría muchas de las acciones con un dejo de incompetencia, de querer pero no alcanzar las demandas.

Dios en CRISTO lo llevó todo a la Cruz.

¿Cuándo se alcanza la competencia, la virtud de agradar a Dios en todo? Cuando se responda a una disposición del Espíritu y no a un programa humano.

En la obra del Espíritu la respuesta era inmediata y no se detenía nada porque no se contaba con EVA. (Sistema Pensante Humano) En el nuevo pacto no se hace cosas porque le enseñaron sino por la respuesta de el Espíritu en que vive ya en usted.

Observemos el ejemplo de Bernabé: Vendió las propiedades y nadie le dijo que lo hiciera.

La iglesia no puede estar en manos de humanos, sino

del Espíritu que hace que el hombre nuevo camine automáticamente en el Diseño de Dios naturalmente.

Este es un asunto ahora de administración.

Muchos de los problemas que ha enfrentado el creyente en el Reino es porque han pensado dos veces lo que el Espíritu les ha hablado.

Cuando la semilla toca la tierra comienza otro mundo, pero todo exceso en un cultivo, es producido por la ignorancia.

No funcionamos automáticamente porque NO entendemos autoridad.

Un padre no refleja autoridad cuando está en la casa, todo lo contrario. Cuando NO está, es cuando mayormente se ve reflejada su autoridad, porque las cosas marchan, como si él estuviera. Esto es Autoridad y Poder.

¿Cuál es la perspectiva, proféticamente, correcta?

Cuando uno quiere tocar ámbitos proféticos, lo primero que debe rediseñar es Su vocabulario.

En lo profético lo único que prevalece es la unidad en el Espíritu. Para operar en este ámbito debemos recibir y relacionarnos con hijos con mentalidad profética.

Ha habido dos mil años de ausencia de profetas contra quince o veinte años de profetas de gobierno que han marcado la vida de la Iglesia y eso es muy poco.

Muchos hombres y mujeres que se mueven en ámbitos proféticos, en oportunidades, rayan en lo místico, confunden, manipulan, ingresan a otros a los laberintos porque no saben manejar Comunidades Proféticas.

He visto, en lo personal, que por otra parte hay profetas que están para consolidar hijos, más que para pasar tiempo en dar palabra profética en una Iglesia.

No es cuestión de tener el don o no; es si conoce el Espíritu de Profecía. Es el espíritu de Cristo. *"...porque el testimonio de Jesús es el espíritu de la profecía".* **Apoc. 19:10 (b)**

Toda palabra, cuando es profética genera Fe. Puedo afirmar que es un ámbito "Pro-Fe", ya que genera fe hacia un Programa que tiene Dios como "director principal".

Dentro de todo el oficio profético hay un programa de: Tornar el corazón de los padres a los hijos y el de los hijos a los padres. (Malaquías 4:6)

Mucho se ha escrito y hablado acerca de Paternidad pero lo hemos bajado a niveles tan domésticos y comunes que no se ha sido efectivo en mover Reinos y Gobiernos.

El Espíritu Profético "atornilla" el corazón del hijo al padre y el padre al hijo.

¡Cuidado! ¡Atención!

Cuando no se educa, o mantiene a las personas dentro de los laberintos de la ignorancia ni se prepara a la comunidad profética, es muy probable que se utilice al vidente/profeta como un "Horóscopo".

El Espíritu Profético es aquel que forma cosas en ti, que no sabes ni percibes que las tienes, solo hasta que descubres que tienes un DEPÓSITO que Dios ha provisto.

Es de lamentar, pero no falta, ante esta eventualidad, que también haya un "pueblo ocioso, vago, perezoso", que no trasciende, pero que se pasa pidiendo y hasta reclamando, una palabra que lo direccione.

> *La sanguijuela tiene dos hijas que dicen:*
> *¡Dame! ¡dame!*
>
> **Proverbios 30:15 (a)**

Debemos entender el lenguaje Profético, ya que es un tipo de comunicación y lenguaje especial. A modo de ejemplo es similar cuando el médico lleva al pedíatra a su hijo y escucha que el Doctor, especialista en niños, le manda a hacer algo que no va contra la medicina. El papá/médico entiende porque conoce el lenguaje aunque no sea pedíatra.

Si usted dice que una persona es buena sin entender lo profético ni haber oido de Dios, está diciendo algo que Dios NO ha dicho.

El punto principal es ejercer Gobierno antes de dejar esta Tierra.

A veces se interpreta que padre es aquel que predicó el evangelio a alguien. Si usted fuera "Padre de todos", entonces sería hasta lógico pensar que Dios es ¡ABUELO!

Este tipo de actitudes logra que se corte la cadena y esos llamados "padres" comienzan a tener un sentido de propiedad sobre los "hijos" y allí comienzan la manipulación y las complejidades de los laberintos.

Cuando la Iglesia pierde de operar en los protocolos proféticos pierde su efectividad.

Lo profético se mueve en dos maneras: Lo Institucional y lo Espontáneo.

La Paternidad es un asunto profundo para el cambio estructural de una sociedad.

Ser padre y ser hijo no es secreto, sino que es una relación de MUTUA responsabilidad. El padre correcto no asegura tener un hijo correcto. *"Por tanto, como el pecado entro en el mundo por un hombre,..."***Romanos 5:12**

Son entes y funciones diferentes.

¿Para que existen los PADRES en la figura de la Iglesia?

El padre existe para poderlo transmitir en forma real y tangible.

Es para mostrar como Dios transforma de lo intangible a lo tangible. El ámbito más elevado en la Fe es ser padre.

El apóstol Pablo habló del misterio del Padre. Por eso los judíos NO creyeron en el Hijo. Era mucho para ellos creer que Dios tenía un Hijo... ¿Y de una virgen?

¿Cómo hizo Dios para ser Padre?

Ellos tenían a Abraham como padre.

Creían en un solo Dios.

La Iglesia no está gobernando en la tierra por no saber de Paternidad por Revelación.

Los ejemplos de Paternidad que hemos dado o recibido, son muy humanos.

La razón de la rebeldía en la Iglesia es por falta de Paternidad Revelada. Esto se puede entender como un Secreto de Estado.

Si la Paternidad NO se REVELA, se estará violando una ley espiritual.

La Paternidad es una revelación perfecta de los dos Géneros: Él es Varón de Guerra pero, tiene pechos para nutrir. (El significado de El Shaddai)

Lo apostólico y profético es la combinación de ambos géneros, teniendo cuidado de la Iglesia.

Lo apostólico tiene la torpeza de un varón pero lo profético tiene el cuidado materno para confirmar el depósito en cada hijo.

Para tener buenos hijos, debes tener la revelación. Ser

buen padre no es solo saber impartir algo.

Ser buena madre no es saber recibir algo.

Es SABER qué HACER cuando sale algo de la combinación de ambos.

Ser PADRE es un misterio que solo por Gracia es revelado; ya que expresa el concepto de como Dios opera con sus hijos.

Cuando comenzó el Espíritu a revelar esto en la Iglesia solo estaba preparando el camino, se llegó al año 2020 y muchos han dejado El Camino.

La razón del Padre la vemos en :

> *"Lo que aprendisteis y recibisteis y oísteis y visteis en mí, esto haced; y el Dios de paz será con vosotros."*
>
> *Filipenses capítulo 4 verso 9*

Allí hay palabras que nos enseñan a producir:
- Lo que aprendiste. Lo que te atreviste aprender de mi; esto marca una generación profética.
- Es lo que se recibe; lo que se ha revelado. Un hijo es hijo porque ve algo en alguien. Si puedes imitar a aquel que te imparte, la impartición está hecha.

La paternidad existe para aprender cosas que no sabemos HABLAR.

El apóstol Pablo convertía las palabras imposibles y lejanas en alcanzables. Sirve el ejemplo del globo cuando es inflable. Mientras no esté lleno no se verá lo que se escribió en el. Una vez inflado se hará visible lo que está impreso.

Lo profético y apostólico viene a inflar el globo y así puedas ver lo que está escrito. Algún día el globo se irá, pero quedará en ti lo que viste, aprendiste, palpaste!!

Jesús, es un gran ejemplo de un "GRAN GLOBO inflado. *Se hizo carne (Juan 1:14) y Juan dijo: "Lo vimos".*

¿Tiene algún parecido este concepto al que hoy vemos de la Paternidad y lo Profético?

Creo que lo que vemos hoy, está muy lejos de esta verdad.

Cuando se utiliza la paternidad para intimidar y manipular; lo profético para seducir a multitudes, las cuales, extraviadas en el laberinto religioso, hacen del profeta un "ídolo", que se mueve como un "horóscopo" andante. Es notorio cuanto es lo mucho que hay que aprender.

Paternidad es todo aquello que al observarlo crees que es conveniente y digno de imitar. Esta virtud de la paternidad tiene que Revelarse correctamente por el Espíritu; sino, solo habrá un mal ejemplo.

Paternidad es lo que asumimos para imitar.

Recuerda que terminas imitando lo que amas o lo que odias. Estos dos son elementos de un extraño contagio.

Te acordarás en la vida de las personas que amas o de las que odias.

Los hijos se convierten en "el cinturón" de un padre. Jesús dijo: *"Nadie viene al Padre, sino por mí"*. **Juan 14:6**

El hijo que ama al padre, lo cubre.

Canaán fue maldito por no cubrir al padre. (Génesis 9:25).

Ningún hijo está capacitado para entender totalmente a un padre; pero si está capacitado para cubrirlo.

A través de esta revelación vamos a confrontar y a definir si somos una especie de "CLUB" religioso que habita el peligroso refugio de un laberinto perverso o vamos a tomar la decisión de cultivar una generación que no queda detenida sino que avanza en los verdaderos propósitos eternos dados por el Padre celestial a sus hijos.

Cuando Dios viste a alguien no podemos, nosotros, desvestirlo. No tiene que ver con nombres ni con títulos. Nosotros SOMOS por lo que FUNCIONAMOS.

La descendencia de Abraham se salvó porque él fue amigo de Dios, pero Dios no dejó de ser Dios por ser amigo del patriarca.

El honor de un llamado está en la vestidura y no en la persona. Debemos ser hijos amados por ser imitadores.

Los hijos que aman, son los que imitan, las buenas virtudes de los padres.

"Hermanos, sed imitadores de mí, y mirad los que así anduvieren como nos tenéis por ejemplo."

Filipenses 3:17

¿Para qué están los buenos padres? Debemos ser imitadores de ellos.

A través de esta revelación se hace posible gobernar. Todo lo que fue o es un "padre" para usted: ¡HONRELO!   Hijos son aquellos que quieren estar con el padre, porque es la manera de mostrar y continuar en una Generación sana. Es por eso que el profeta Eliseo le dijo Elías:

"Vive Jehová, y vive tu alma, que no te dejare"

2 Reyes 2:4 (b).

La honra hacia un padre siempre activa relación, favor y permanencia.

Es demasiado común lo que observamos por estos días: padres que prometen o asumen tener muchos hijos espirituales y se mal usa lo profético, para declarar una palabra que produzca unión entre padres e hijos, pero demasiadas veces esto, que fue provocado, no estaba en el plan de Dios que se junten.

Verdaderas relaciones de laberintos, que solo conducen a la frustración, a los que se creyeron hijos pero fueron sagazmente utilizados.

El Profeta no es el que dice lo que va a suceder, sino *uno que tiene* la estructura para sostener lo que va a suceder aunque, todos lo demás, digan lo contrario.

Donde hay Paternidad hay Autoridad.

Pero esa autoridad viene de Dios y no de una postura que manipula o hiere a los hijos para hacerlos habitar, deambulando, en los oscuros laberintos de promesas que jamás se cumplen.

Los velos deben ser corridos, es el tiempo de luz, de desarrollos, de avance. El velo se rompe, se rasgó por la mitad, (Lucas 23:45 (b)) para que la iglesia opere y funcione en la dirección que le fue asignada por el Padre.

Capítulo 10
- En el laberinto, no hay milagros. Solo espejismos -

En el laberinto, no hay milagros. Solo espejismos | Capítulo 10

Nuestra asignación en la vida es entender, según el criterio de Dios, ya que cada siglo es un periodo de tiempo, con una dinámica de vida diferente y Dios, muchas veces responde al hombre con milagros. Esta vida de milagros es una vida que se debe revelar.

Es indudable que hay muchos momentos que necesitamos la intervención divina pero no es difícil observar que hay una verdadera "adicción" por los milagros y por lo sobrenatural.

Hay sectores cristianos, enteros, que se han inclinado a este tipo de prácticas, creyendo que con este tipo de "espectáculos" van a atraer más gente a sus congregaciones.

Se ha hecho de "los Milagros" un espectáculo, un show que genera impresión en el espectador pero muy difícilmente se genere, de esta manera, convicción de pecado.

Hay lugares que se han convertido en modernos "estanques de Betesdas". De los que esperan el mover para ser sanos.

Cuando usamos o promocionamos la palabra "milagro" como algo que debe suceder, casi como una exigencia, puede ser muy peligroso para nuestro entendimiento.

Los que vivimos en Dios, vivimos una FE en pretérito. Toda la Escritura está basada en pretérito. La obra de Dios en la Escritura es algo que está consumado.

¡Nos hizo, nos salvó! En el ser espiritual, el tiempo se vive consumado.

Cuando Jesús dijo: "CONSUMADO ES", fue una declaración que incluía todos los aspectos de la FE, y dentro de esas palabras nosotros debemos definir si vamos a vivir una vida lineal, o a vivir en el ser espiritual.

El ser Espiritual, NO vive una vida lineal (Presente, Pasado, Futuro) sino que vive en una eternidad y es aquí donde radica la tremenda contradicción en una vivencia que opera en DOS mentalidades.

Esta mentalidad doble, es ambigua, no tiene entendimiento, permanece en la duda de una existencia que no percibe la realidad de Dios.

El hombre simple, aquel que tiene confusión para entender que la vida eterna es la vida que Dios nos ha dado y por lo tanto no debe estar sujeto al Pasado, Presente, Futuro.

El tema central de la relación con Dios, es resolver esta contradicción.

Esta es una tensión mental que vive la humanidad.

Nuestra lucha es una mente carnal que debe ser absorbida por una mente Espiritual: La mente de Cristo.

Una de esas luchas es la lucha del "TIEMPO"

En nuestra mente natural, marcamos las cosas desde lo que fue Pasado, Presente, Futuro.

Desde lo espiritual hablamos de lo que el Señor ya hizo; por lo tanto debo quitar a Dios de mi estructura mental como alguien que NO terminó, que todavía le falta o que tiene que terminar.

Desde el plano Eterno, Él ya consumó la totalidad de la Obra.

Es necesario que citemos al profeta Isaías, quien vivió 700 años antes de Cristo. *"Por sus llagas fuimos sanados."* Isaías **53:5 (b)**

Aun el hecho histórico no se había dado, faltaba mucho tiempo, pero esa realidad, futura, era verdadera para el profeta, porque operaba y se mantenía en una MENTE ETERNA.

No hizo falta que se diera en el Plano natural, para que el profeta declarara que habíamos sido sanados antes de ver la obra de Cristo.

Es necesario plantearnos porque hay dos mentalidades que están operando en nuestros días. Pudiera ser que estemos frecuentando la Iglesia, todos estos años, y no descubrimos ni sabemos bajo qué sistema operativo estamos funcionando.

Si funcionamos en lo natural, estaremos esperando que Dios haga algo por nosotros

Pero si operamos en la obra de Cristo, sabremos que TODA obra fue consumada y de esa realidad depende que sea alumbrado nuestro entendimiento.

**Lo que entiendo en Dios es lo que CREO,
lo que creo tiene la LEGALIDAD
para MANIFESTARSE en mi vida.**

Entonces debemos tomar una decisión en la vida: Con y en este contexto, se debe hablar de milagros.

Para los milagros se crean ámbitos para que estos se manifiesten.

Si se pregunta quien los necesita, muchos responderían afirmativamente.

¿Sabemos que es un milagro con exactitud?

Las personas tienden a conectar milagros con una necesidad o una mala noticia pero este tipo de "slogan" crea mentalidad en contra de lo que estamos diciendo. Por eso no debemos tomar el nombre de Dios en vano.

No es conveniente hablar de las cosas, si no tenemos una versión divina de lo que hablamos.

Banalizamos (de Banalizar= hacerlo superficial, poco importante) los asuntos cuando hablamos sin revelación y solo por opinión.

Cuando una generación analiza, para entender lo divino ya NO tiene posibilidades de desarrollarse en los planes de Dios.

Miles viven sin disfrutar milagros de Dios porque la palabra se banalizó, la expresión se hizo común.

Cuando los ciclos naturales de la naturaleza -los pasos de los días- no hay respuestas, solo un milagro puede revertir y es allí donde el Señor obra un milagro.

Los milagros, por lo general, tienen que ver con un agotamiento de tiempo y se tornan necesarios e imprescindibles, cuando las oportunidades o los recursos se agotan.

Cuando hemos insistido muchas veces, de la misma manera, y no se logra algo o cuando el hombre está a punto de entrar en la decepción, se siente vacío, angustiado, sin demasiado sentido o con tremendos interrogantes, porque las realidades, los tiempos naturales o las leyes de la lógica se han agotado, no hay lugar para otra cosa: ¡Aquí necesitas un MILAGRO!

Solo la voz de Dios habla para mostrarte para lo cual fuiste diseñado.

Cuando se agotan los tiempos (recursos, expectativas, dinero, los intentos) se reprimen facultades físicas, emocionales. Cuando NO identificamos el agotamiento en términos de recursos la decepción se convierte en una realidad y la decepción hace que comencemos a ser inhabilitados, se terminan las palabras, hay discusiones. Es allí donde estamos en un punto de milagro.

**¿Qué es un MILAGRO?
Es la intervención DIVINA que altera todos los dictámenes que la naturaleza dio y juzgó.**

Inhabilitaciones naturales, que son verdaderas sentencias judiciales, hasta que Dios interviene.

El milagro no es un favor de Dios para estar mejor, sino que tiene un alcance mucho más significativo porque tiene que ver con una actividad ¡LEGAL!: Dios juzgando las leyes naturales desde Su existencia, su ser y su PODER para actuar en consecuencia.

Dios declaró: *"Juzgaré la Nación que te cautivó;"*. O sea, que el Creador establece leyes mayores que las que ejecutan las naciones opresoras de su pueblo.

Por eso este mundo no tiene posibilidad de Dios en el tiempo... TODO se agotó.

Imagínese: Se habla de pobreza y no hubo, en toda la historia, tanto dinero en el mundo como lo hay, hoy.

Es un error decir: "Pobreza es falta de dinero". Pobreza es igual a un mundo configurado a no volver atrás. Lo que hay, y lo percibimos cada día, es un verdadero agotamiento y finalización de los procesos humanos y biológicos.

Con este panorama mundial, la frase repetida, que cabe como "slogan" es: ¡Esto solo lo cambia un MILAGRO!

¿A qué se refiere la Biblia cuando menciona milagro? "DUNAMIS", la misma palabra que Jesús usó para PODER. Jesús no hablaba de dinamita, tal como muchas veces creemos, sino que se refiere a la raíz de la palabra "DINASTIA" y esta expresión se aproxima mucho a la idea de cambiar la genética.

Pero la esencia de "dinastía" puede destacarse como una serie de príncipes soberanos, pertenecientes a una misma familia, cuyos integrantes se mantienen, a lo largo de generaciones, en una misma profesión u ocupación, a menudo perpetuando la influencia política, económica o cultural del sitio donde operan.

Estamos delante de un milagro de Dios, cuando literalmente es Dios mismo, interviniendo, en los asuntos de los hombres.

Cuando, como hombres, minimizamos el concepto de milagro a la solución de un problema, nos estamos quedando "CORTOS", en una percepción muy pequeña del inmenso poder ejercido.

Los milagros son otra cosa que la Impartición de la naturaleza de Dios.

Cada generación tiene evidencia de haber sido reprimida de sus facultades para que quedemos fuera de foco en el desarrollo del propósito eterno de Dios.

Tenga esto claro: ¡Milagros no es algo que nos ocurre para sentirnos mejor!, para luego testificar, toda la vida, de lo bien que nos sentimos.

Lo puntual de un milagro, absolutamente relevante y verdaderamente significativo: es una intervención de Dios para hacer recuperar al hombre las facultades necesarias, con las cuales Dios le capacitó, aun antes de la fundación del mundo.

Los milagros tienen que ver con lo que Dios te asignó a ti.

Otra palabra, conectada con milagros, es SEÑAL. ¿Por qué? Porque Dios los produce con el fin de dejarnos, a nosotros, evidencia de que hay un mundo que reprime u oculta las facultades para ser entes operativos del propósito Eterno.

Milagros son lo que necesito para recuperar todas las facultades necesarias para producir aquello que Dios nos envió. Al final del día un milagro es Dios mismo, impartido en las personas.

Es la actividad de Dios dándote "DINASTIA", una genética nueva, un brazo que se endereza o un ojo que recobra la vista.

Dios no restaura las cosas con un simple acto sino que es, Él mismo, impartiendo su majestuosidad en tu naturaleza.

Jesús identificó los males de su tiempo. (Un siglo - Período de tiempo y habitación que nos toca vivir). Jesús vino a destacar las necesidades de un siglo y las miserias del hombre y actuó en consecuencia.

Su obra fue clara: Sanó a los leprosos, ministró a los pobres, libertó a los cautivos, dio vista a los ciegos, tendió su mano a la pecadora y dio otra oportunidad a quien lo negó.

Hubo una identificación, de parte de Jesús, con su entorno. Tenemos que identificar lo que está allí, la realidad que nos rodea, esta nos permite tener una construcción más poderosa sobre los milagros que vamos a ver.

Ya muchos estamos operando en esta serie de milagros.

Otros por no identificar los males, no atribuyen a Dios los milagros.

La lepra del Siglo 21 es el Humanismo. Esta verdadera

plaga afirma: "El hombre y por el Hombre."

Lo que el Humanismo expresa, enseña y propone es llegar a vivir sin Dios y así concebir la vida con la ausencia de Dios.

El peor espíritu de los tiempos modernos opera en el humanismo.

Debemos provocar que Dios aparezca en la historia del hombre ya que lo que está carcomiendo al ser humano es que crea que puede vivir sin Dios, pero esto produce un permanente conflicto con el poder de Dios, que es real, eterno e inamovible.

El destino final del milagro es la aceleración, la redención de los hombres y que Dios vuelva hacer nuestro ámbito para que vivamos.

La Biblia habla de hombres como Abraham, Noé, David; no por que fueran ejemplo de humanos, sino porque trajeron a DIOS a la HISTORIA.

Sus milagros no era asunto de sus vidas, aunque fueron enriquecidos; ellos no buscaban eso.

Anhelaban que Dios sea el Señor de la Historia.

Dios aparece en la Historia con personas que decidieron ser templo del Espíritu Santo.

Milagros no es para que yo viva una vida feliz, sino para que Él sea conocido en la tierra y la centralidad de Cristo sea irrefutable en la vida del cristiano, de esta manera se convierta el protagonista central en la historia de los hombres.

Todos los milagros fueron consumados en Cristo, y se dispensan en las generaciones. No podemos estar buscando un milagro solo.

El humanismo pretende hacerte INDEPENDIENTE.

No se puede pedir a Dios un ámbito de milagros con personas que piensan como humanos.

En el laberinto, no hay milagros. Solo espejismos | Capítulo 10

El Evangelio no es "humanos con poder".

Es un asunto de hijos, "niños" dependientes del Padre, haciendo la obra de los mayores.

Un milagro no es algo que te mantiene en la tierra, es algo que hace que avance el propósito Eterno de Dios en la tierra.

Milagro no era que Jesús fuera a la cruz. Sino que cuando se fue dejó más de Él de lo que había cuando llegó o estaba en la tierra.

Abraham fue un hombre que trajo a Dios a la Historia. Cuando vino Abram, la tierra volvió a hablar de Dios y este pasó a ocupar el centro de la vida del hombre y de su pueblo.

> *"Y conoceréis que en **medio de Israel estoy yo**, y que yo soy Jehová vuestro Dios, y no hay otro; y mi pueblo nunca jamás será avergonzado".*
>
> ***Joel 2:27*** *(resaltado del autor)*

Mantener la vida en el Laberinto es creer a un humanismo que esclaviza y te hace creer que todo lo que pasó es mejor que lo que tienes, de ahí procede la permanente búsqueda de algo nuevo.

La fe, no es algo que usted fue, ni algo que será; es vivir en la realidad permanente de Cristo, hoy, en tu vida.

La FE genuina es ausencia de humanismo y una dependencia absoluta en Dios.

Recuerda: Dios no pensó en el evangelio basado en los avances del siglos, 21; sino basado en el alma transformada de un ser humano.

Hay cosas que están llamadas a ocurrir en esta generación, de parte de Dios, si los niveles de humanismo bajan. La Escritura dice:

> *"Ministrando estos al Señor, y ayunando,
> dijo el Espíritu Santo: Apartadme a Bernabé y a Saulo
> para la obra a que los he llamado".*
>
> **Hechos 13:2**

¡Allí solo había almas transformadas!
Lo que identificó Jesús en su generación eran personas que habían perdido el gozo. Él estuvo en unas bodas y convirtió el agua en vino.

> *"Cuando el maestresala probó el agua hecha vino,
> sin saber él de dónde era, aunque lo sabían los sirvientes
> que habían sacado el agua, llamó al esposo, y le dijo:
> Todo hombre sirve primero el buen vino,
> y cuando ya han bebido mucho, entonces el inferior;*
> ***mas tú has reservado el buen vino hasta ahora".***
>
> ***Juan 2:9-10***

El milagro se llama: "Convirtió agua en vino", pero el milagro NO era solo convertir el agua en vino sino que el *gozo* volviera a la fiesta.

Jesús estaba enfocado en la eternidad del Milagro y no en el suceso mismo.

Debemos estar dispuestos a entender la eternidad de ese Milagro.

Es el milagro "detrás" del Milagro.

Detrás de la pregunta: ¿Qué quieres que haga en tu vida?

En otras palabras... ¿Qué vas a hacer con la ETERNIDAD que carga aquello que Dios hizo en tu vida?

Recuerda: Todo lo que Dios te dé en lo natural, inexorablemente se "lo comerá" el TIEMPO.

Lo que Dios hace en el plano de lo natural no es lo que embarga o moviliza al Espíritu de Dios. Lo que veas de ETERNO detrás de lo natural, es lo que trascenderá en el tiempo.

Que tu vida quede cargada de una trascendencia que afecte tu generación. ¡ESTO ES UN MILAGRO!

Es como una transacción. Los negocios del Padre no están en el cáncer que sanó, sino es lo que está escondido detrás de eso y que Dios sea dado a conocer.

Jesús identificó que no había verdaderos servidores en la Tierra.

Cuando estás oprimido, por más que quieras no podrás servir. No tienes gozo porque el verdadero servicio es producto del gozo.

El milagro que resolvió el servicio: la sanidad de la Suegra de Pedro. Cuando la sanó, le servía.

Cuando una generación despierta, algo ocurre.

Por eso no se puede enfocar el asunto del vino y dejar lo eterno. Hoy pasa o "se termina el vino" y mañana se sigue igual. Un milagro externo nunca garantiza haber dejado un depósito interno y permanente.

Jesús identificó a misticismos religiosos; un mal que se ha extendido hasta este siglo 21, porque el humanismo quiere desacreditar la verdad de Dios y volverla mística.

En el caso del paralítico, que es cargado por sus amigos. El mal identificado es: "Fe sin Obras", pero Jesús vio la fe, no del enfermo, sino de sus amigos.

"Entonces vinieron a él unos trayendo un paralítico, que era cargado por cuatro. Y como no podían acercarse a él

> *a causa de la multitud, descubrieron el techo de donde estaba,*
> *y haciendo una abertura, bajaron el lecho*
> *en que yacía el paralítico.*
> **Al ver Jesús la fe de ellos**, *dijo al paralítico:*
> *Hijo, tus pecados te son perdonados.*
>
> **Marcos 2:3-5** *(resaltado de autor)*

La centralidad de este pasaje no está en lo que se ve o la osadía de cuatro amigos, sino en lo que NO se ve, pero estaba en el corazón de esos hombres.

Daniel vio el tiempo de nuestros días en la estatua: Hierro y Barro; implicando Poder y Humanidad.

Así también hay una generación guardada por Dios, pensando menos como personas comunes, puede que preocupadas por el entorno inmediato, pero creyendo sobremanera en el MILAGRO. Cuando esto sucede, significa que se renuncia a toda actividad humana chata, sin creer lo extraordinario, y anhelar que en el resto de mi vida, Dios actúe plena y soberanamente. Un milagro es cuando las estructuras humanísticas caigan y el milagro sea la vida misma.

La Escritura habla del día malo y el día bueno. El primero representa o es la actividad del hombre dentro de un alma, donde todavía considera que el ser humano tiene posibilidades, inmerso en la actividad mental que produce el verdadero mal de este siglo.

En contraste puedo asegurar que Dios hará milagros donde la gente haya renunciado a sus propios pensamientos y propias estructuras.

Generamos verdaderos milagros solo con una mente de dependencia en El.

El centro de un milagro no es la manifestación de lo *bueno* que pase; sino que es el avance del propósito de

Dios, en medio de una generación que poco a poco va renunciando a todas sus capacidades.

Un milagro es muchos más de que te vaya bien. Milagro es quedarte en el silencio de Dios y esperar su manifestación.

La vida del creyente es inexplicable.

Si puedes explicarla es porque estamos llenos de humanismo. Los MILAGROS son respuesta de Dios a la ausencia de recursos y facultades que produjo el pecado.

Es por eso que los milagros son intervención de Dios sobre ámbitos limitados.

Cuando el humanismo entra al ser humano la ficción se convierte en realidad.

El humanismo es como un siniestro monstruo que devora los pensamientos y son pocas las acciones de fe que pueden brotar de allí.

Un milagro, según el hombre, es una SANIDAD.

Un milagro, según Dios, es algo que avanza su propósito Eterno.

No es para un bienestar propio sino algo que te empujará y te llevará diez generaciones más adelante.

Al final del día los LABERINTOS han dejado muchos en un ciclo que no han podido romper. Te invito a que te desvistas del Evangelio de los Laberintos y puedas salir a vivir en el REINO del AMADO HIJO.

En la conclusión de este libro, reconociendo los distintos temas y procesos que fuimos abordando, sé que todavía hay muchas personas que les cuesta romper la tragedia de los laberintos por eso te invito a que te "desvistas" de la cárcel donde estás cautivo: ¡El Evangelio de los Laberintos! y puedas salir a vivir la plenitud, a la que has sido llamado, en el REINO del AMADO HIJO JESUCRISTO.

Otras obras del Dr. Julio Sotero son:

La Belleza de la Herencia

Diseño Perfecto
Viviendo una vida funcional en un mundo disfuncional

Ekklesia
El poder de una vida transformada

Llegó el Día

Guerra de Maestrías

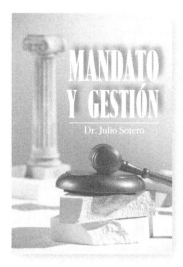
Mandato y Gestión

Made in the USA
Middletown, DE
04 August 2024